—

Zukunft für alle
Eine Vision für 2048

gerecht • ökologisch • machbar

—

Inhalt

Stell Dir vor, Du bist plötzlich im Jahr 2048!

Wo wachst Du auf?
Wie bewegst Du Dich fort?
Was isst Du?
Wie verbringst Du Deine Zeit?
Wie bringst Du Dich in die Gesellschaft ein?
Wenn Du über deine eigene Situation hinausdenkest, wie könnte diese Zukunft aussehen?
Wie kann diese Zukunft gerecht, ökologisch und machbar sein – für alle?

Gute Reise !

WIE WOLLEN WIR 2048 LEBEN?

UND WIE KOMMEN WIR DAHIN?

WO IST WAS ZU FINDEN

⟶ *Die ersten Seiten beschreiben die* ***Grundlagen unserer Vision:*** *auf welchen Werten unsere Utopie beruht und welche Probleme der Gegenwart wir sehen.*

⟶ *Danach folgen die Teile, die aus der* ***Zukunft 2048*** *erzählen: Kapitel 1 bis 7 zeigen die Grundlagen einer neuen Wirtschaft und Gesellschaft auf. Kapitel 8 bis 15 beschreiben verschiedene* ***Gesellschaftsbereiche konkreter****.*

In den Kapiteln gibt es verschiedene ***Zusatzelemente****:*

Geschichten, Erlebnisse, Briefe *und Ähnliches sind aus der Zukunft.*

ERKLÄRUNGEN, OFFENE FRAGEN ODER KONTROVERSEN

sind aus der Gegenwart geschrieben.

2020

WAS ES SCHON GIBT

sind Initiativen, die sich schon 2020 für eine Zukunft für alle einsetzen.

⟶ *Im Transformations-Kapitel skizzieren wir, wie wir eigentlich vom Jahr* ***2020 bis zur Zukunft für alle 2048*** *gekommen sind.*

Wie wollen wir leben?

Sich eine positive Zukunft vorzustellen, trifft auf Hürden. Vorstellungen der Zukunft sind gespickt mit Problemen der Gegenwart. Eine Gegenwart voller Ungerechtigkeit, Umweltzerstörung und ungleicher Machtverteilung. Aber nichts davon ist unausweichlich – weder sind wir dazu verdammt, in einer solchen Welt zu leben, noch ist sie das Ergebnis einer menschlichen Natur.

Mit dieser Vision einer Zukunft für alle wollen wir uns von der Gleichgültigkeit der vermeintlichen Alternativlosigkeit lösen und eine positive Vision präsentieren, die über die kapitalistische Wachstumsgesellschaft hinaus weist und dabei konkret vorstellbar ist. **Wir fangen eine neue Geschichte an und entwerfen Bilder einer Zukunft, die wir noch nicht kennen.** Dies war bereits vor der Corona-Pandemie notwendig und ist es nun umso mehr. Denn wir brauchen Ideen, die Mut machen und Hoffnung geben. Vorschläge, die Lust auf Zukunft erzeugen und dazu anregen, sich in die Gestaltung der Gesellschaft einzubringen.

Damit sind wir auf offene Ohren gestoßen. Denn **viele Menschen haben das Bedürfnis, für eine gute Zukunft tätig zu werden.** In zahlreichen Projekten, Gruppen und Initiativen kommt immer wieder die Frage nach Alternativen zum herrschenden Wirtschafts- und Gesellschaftssystem auf. Die Vorschläge bewegen sich dabei bislang großteils auf lokaler Ebene, fokussieren auf einzelne Politikvorschläge oder spiegeln eine bestimmte ideologische Strömung wider. Es fehlt eine umfassende Antwort. Nicht als Blaupause, sondern als Orientierung und Motivation für aktuelle politische Auseinandersetzungen. Und um der starken Erzählung der Rechten und der Angst in der Abstiegsgesellschaft etwas entgegenzusetzen.

Die Vision **Zukunft für alle** ist von Menschen entwickelt und diskutiert worden, die aktuell vor allem im deutschsprachigen Raum leben. Daher ist es auch keine Vision für die ganze Welt, sondern beispielhaft für eine große Region in Europa, die sich aus dem heutigen Deutschland heraus entwickelt hat. **Sie ist ein Vorschlag für eine vielfältige Welt, in die viele Welten passen.** Trotz dieses regionalen Fokus ist die Vision ganz grundlegend aus einer globalen Gerechtigkeitsperspektive entstanden und ohne diese auch nicht verständlich.

Eine umfassende Antwort bedeutet für uns, **zentrale Elemente unseres heutigen Wirtschafts- und Gesellschaftssystems zu hinterfragen und teilweise zu überwinden**. So sollen Markt, Geld, Arbeit und Eigentum 2048 eine ganz andere Rolle spielen als heute. In diesem neuen Rahmen werden wir anders miteinander umgehen. Unsere Beziehungsweisen werden sich grundlegend verändern, genauso wie unser Alltag, wie wir tätig sind, essen, wohnen, unterwegs sind, streiten, entscheiden, leben und lieben. Denn unser tägliches Leben und die politischen Rahmenbedingungen durchdringen sich.

Dabei ist klar: Diese Vision ist weder Vorhersage noch Masterplan. Sie ist *ein* Vorschlag zur Beantwortung der Frage, wie wir leben wollen und wie wir dahin kommen. Wir halten es nicht unbedingt für realistisch, dass die Entwicklungen, die wir hier skizzieren, auch so eintreten.

Zukunft für alle ist daher vor allem eines: eine Einladung zum Denken, Träumen, Debattieren und Kritisieren. Wir wollen damit zu einer ernsthaften gesamtgesellschaftlichen Debatte über eine gerechte und ökologische Zukunft beitragen.

Wir schreiben diesen Text im Frühjahr 2020, während die Corona-Pandemie weltweit zu massiven Einschränkungen des öffentlichen Lebens und einer Drosselung der Wirtschaft führt. Wie auch bei anderen „Krisen" der letzten Jahrzehnte zeigen sich in dieser Zeit zum einen die strukturellen Probleme und die Irrationalität des vorherrschenden Gesellschaftssystems. Tausende verlieren ihre Arbeit, während Wichtiges ungetan bleibt. Klimazerstörende Unternehmen werden gerettet, während Krankenhäuser unterfinanziert sind. Tausende werden eingeflogen, um zu Hungerlöhnen deutschen Spargel zu ernten, während gleichzeitig Tausenden in den Lagern, an den europäischen Außengrenzen oder auf dem Mittelmeer jede Sicherheit und das Recht zu Leben verwehrt wird. Menschen werden aus ihren Wohnungen geräumt oder leiden Mangel, während Wohnraum leer steht.

Gleichzeitig werden aber auch in vielen Ländern der Welt Politikmaßnahmen erlassen, die noch wenige Wochen zuvor undenkbar erschienen. Demokratische Regierungen schreiben Unternehmen vor, dass sie nur Notwendiges wie Schutzkleidung oder Beatmungsgeräte produzieren. Flugzeuge bleiben weitgehend am Boden. Die Diskussion um die Einführung eines bedingungslosen Grundeinkommens wird ernsthafter geführt als jemals zuvor. Diese Krise, wie viele andere, zeigt also auch: **eine ganz andere gesellschaftliche Entwicklung, auch eine andere Politik sind möglich – aber die Zeitfenster, in denen diese verhandelt und umgesetzt werden, sind kurz.** Noch ist nicht absehbar, ob sich neoliberale oder autoritäre Kräfte durchsetzen, oder ob es möglich ist, durch die Krisen der kommenden Jahre eine sozial-ökologische Transformation einzuleiten – und damit Schritte in Richtung der hier beschriebenen Utopie zu gehen. **Wir befinden uns in einer Zeit, in der vieles möglich scheint.**

Mit unserer Vision hoffen wir einen Anstoß zu geben für eine Zukunft für alle, die gerecht, ökologisch und machbar ist.

WIE SIND DIESE TEXTE ENTSTANDEN

*Diese Vision ist durch die Zusammenarbeit mit vielen Partner*innen entstanden. Sie baut auf den Ergebnissen von zwölf Zukunftswerkstätten mit knapp 200 Vordenker*innen aus verschiedenen Gesellschaftsbereichen auf. Die Vision ist unser Beitrag für die gesellschaftliche Suche nach einer Zukunft für alle und – ganz konkret – ein Diskussionsbeitrag für den Kongress » Zukunft Für Alle « vom 25. bis 30. August 2020, der von einem breiten Kreis an Menschen und Organisationen getragen wird. Mehr zu der Methodik und den beteiligten Personen und Organisationen am Ende dieses Buches.*

Wir wünschen viel Freude und Inspiration beim Lesen.

Anne Pinnow, Kai Kuhnhenn, Matthias Schmelzer und Nina Treu.

– Leipzig, Mai 2020 –

Und wie kommen wir dahin?

Grundwerte der Vision 2048

Jeder Gesellschaftsentwurf beruht auf Werten. Sie sind die Prinzipien, die einer Vision und konkreten Gestaltungsideen für verschiedene Gesellschaftsbereiche zugrunde liegen. Im Folgenden haben wir die Werte festgehalten, die wir für eine ***Zukunft für alle*** *wichtig finden. Weil alle diese Begriffe verschieden verstanden werden können, haben wir versucht zu definieren, was wir jeweils damit meinen. Wie diese Werte konkret umgesetzt werden, ist in den folgenden Kapiteln nachzulesen. Wer keine Begriffsdefinitionen mag, kann diesen Teil auch überspringen und wird den Rest trotzdem verstehen.*

Bedürfnisorientierung

Bedürfnisorientierung heißt, dass wir die Befriedigung notwendiger Bedürfnisse ins Zentrum des Wirtschaftens stellen. Aber was ist ein notwendiges Bedürfnis, und wie kann zwischen verschiedenen Bedürfnissen abgewogen werden? Es gibt eine Vielzahl von Kategorisierungen von Bedürfnissen. Generell zählen zu ihnen nicht nur physische Grundlagen wie Nahrung und Wärme, sondern zum Beispiel auch Gemeinschaft, Wertschätzung, Frieden, Selbstentfaltung und vieles mehr. Natürlich sind diese Bedürfnisse bei unterschiedlichen Menschen unterschiedlich ausgeprägt. Daher entscheiden wir demokratisch darüber, welche Bedürfnisse für wen notwendig und wie wichtig sind und welche hinten angestellt werden.

Demokratie

Demokratie heißt, dass alle Menschen gleiche Rechte haben und alle gesellschaftlichen Entscheidungen von denjenigen gestaltet werden können, die von diesen auch betroffen sind. Alle haben gleichen Anspruch auf die gesellschaftlichen Ressourcen wie Wissen, Land und Produktionsmittel und einen bedürfnisorientierten Zugang dazu.

Gestaltbarkeit

Gestaltbarkeit heißt, dass die Gesellschaft mit all ihren Strukturen und Organisationsprinzipien veränderungs- und gestaltungsoffen ist. Die Gesellschaft verändert sich immer. Wir fördern und stärken Kritik, Hinterfragen, Kreativität und Wandel, aber auch Protest und Widerstand.

Selbstbestimmung & Freiheit

Freiheit heißt, dass alle Menschen ihr Leben selbstbestimmt gestalten können. Alle tragen freiwillig bei, was sie möchten, im Bewusstsein, dass die jeweilige Freiheit nur durch die Freiheit der anderen realisiert werden kann. Freiheit und Selbstbestimmung stärken wir überall, wo andere nicht eingeschränkt werden. Gesellschaftliche Vereinbarungen und Regeln haben als Ziel, individuelle Selbstbestimmung zu stärken und ein Gleichgewicht zwischen den Freiheiten verschiedener Menschen zu finden.

Sicherheit

Sicherheit heißt, dass wir keine Angst vor Hunger und Armut, Vereinsamung, mangelnder Betreuung bei Krankheit und im Alter oder vor Ausgrenzung und Gewalt haben müssen. Alle Menschen sind umfassend sozial abgesichert. Die körperliche Unversehrtheit sowie die Würde aller sind gemeinschaftliche Aufgaben. Das gesamte politische und wirtschaftliche Leben richtet sich an den vielfältigen Bedürfnissen der Menschen aus.

Solidarität

Solidarität heißt, dass wir alle unser Leben gemeinsam gestalten, bewältigen und feiern. Wir erkennen dabei unsere gegenseitigen Abhängigkeiten an und stärken unsere Freiheiten. Wir gehen achtsam miteinander um, schließen alle mit ein und finden kollektiv Wege, den gesellschaftlichen Überfluss zu verausgaben.

Vielfalt

Vielfalt heißt, dass wir die Lebensentwürfe aller Menschen in ihrer Verschiedenheit anerkennen. Vielfältige Formen zu denken, zu lieben, zu arbeiten, zu glauben und zu leben werden aktiv gefördert. Alle Formen von Diskriminierung werden bekämpft. Vielfalt durchzieht alle gesellschaftlichen Institutionen und Strukturen – von der Nachbarschaft bis zur globalen Ebene.

Vorsorge

Vorsorge heißt, dass wir die existentielle Verbundenheit miteinander, mit anderen Lebewesen und mit den natürlichen Lebensgrundlagen anerkennen, entsprechend Verantwortung übernehmen und vorausschauend handeln. Wir bestimmen gemeinsam und in vorsorgender Weise, inwiefern und wie wir in die Natur eingreifen. Dazu gehört, welche Technologien wir nutzen und in welche Richtung wir Technik entwickeln – dabei denken wir mögliche Folgewirkungen mit. Die Strukturen ermöglichen eine ökologische Lebensweise ohne soziale Ausbeutung.

Warum brauchen wir eine Zukunft für alle?

Im Jahr 2020 ist die Welt von Ungleichheit und Krisen geprägt. Die Probleme der Gegenwart sind der Grund, warum Menschen eine andere Gesellschaft wollen. Sie zu verstehen ist der Ausgangspunkt für unsere Vision.

Krisenhaftes Wirtschafts-system

Das kapitalistische Wirtschaftssystem ist instabil und verursacht ständig Krisen. Es produziert Gewinne für Wenige auf Kosten Vieler, untergräbt die Demokratie, schließt viele Menschen aus und zerstört dabei die Natur. Dem Ziel, Wirtschaftswachstum zu generieren, werden andere Gesellschaftsziele untergeordnet. Es wird vor allem das hergestellt, was Gewinne abwirft – und nicht, was sinnvoll und notwendig ist.

▼

Wir wollen eine stabile, demokratische und gerechte Wirtschaft, in der die Bedürfnisse der Menschen im Vordergrund stehen und die Lebensgrundlagen dauerhaft erhalten werden.

Mangelnde Demokratie

Die parlamentarische Demokratie ist eine gesellschaftliche Errungenschaft. Doch die Beteiligungsmöglichkeiten und -zugänge in ihr sind grundlegend beschränkt. Zum einen können sich viele Menschen aufgrund ihrer gesellschaftlichen Position nicht oder nicht ausreichend an demokratischen Entscheidungen beteiligen. Etliche sind vom Politikbetrieb frustriert. Menschen mit hohen Einkommen und mehr formaler Bildung verfügen über mehr Ressourcen, wie Zeit und Kontakte, die ihnen eine aktive Rolle in der Zivilgesellschaft und demokratische Teilhabe erleichtern. Zum anderen ist der Teil der formalen demokratischen Beteiligung auf wenige Fragen und die Wahl von Parteien und Politiker*innen begrenzt. Dies ist eine sehr eingeschränkte Form von Demokratie.

▼

Wir wollen, dass alle Menschen gleichberechtigt an allen Entscheidungen mitwirken können, die ihr Leben betreffen.

Herrschaft & Diskriminierung

Im Jahr 2020 ist die Gesellschaft geprägt von Herrschaftsverhältnissen, die Menschen in Gruppen einteilen, von denen manche Vorteile und viele Nachteile haben:
Mann/Frau, cis/trans, queer/hetero, bürgerlich/Arbeiter*in, christlich/muslimisch/jüdisch, weiß/Schwarz/Person of Colour, gesund/be_hindert, Erwachsene*r/Kind, usw.
Das führt dazu, dass Menschen entweder privilegiert oder diskriminiert werden, allein aufgrund ihrer angenommenen Zugehörigkeit zu einer gesellschaftlich geschaffenen Gruppe. Diese Diskriminierungsformen – wie Rassismus, Klassismus oder Sexismus – sind miteinander verschränkt und überkreuzen sich. Die dadurch verfestigten Machtverhältnisse prägen alle gesellschaftlichen Bereiche, sie zeigen sich beispielsweise in Gesetzen, auf dem Arbeitsmarkt, durch persönliche Ausgrenzung und sexuelle Belästigung oder in Normen und Werten sowie in Kunst und Literatur.

▼

Wir wollen eine herrschafts- und diskriminierungsfreie Gesellschaft.

Zunehmende Ungleichheit

Gegenwärtig ist die Gesellschaft – vor allem die Weltgesellschaft – zutiefst gespalten: unvorstellbarer Reichtum in der Hand Weniger steht großer Armut bei Vielen gegenüber. Die Schere geht immer weiter auseinander. Viele Menschen in Europa und Deutschland profitieren von der „imperialen Lebensweise". Also einer Art zu konsumieren, zu arbeiten und zu leben, die auf prinzipiell unbegrenztem Zugriff auf Arbeit und Umwelt im globalen Maßstab basiert und somit auf Kosten von Menschen (und Natur) in anderen Weltregionen geht. Trotzdem ist auch in den kapitalistischen Zentren, wo sich die Vorteile der imperialen Lebensweise häufen, die Ungleichheit riesig und wächst. Dies steht nicht nur sozialer Gerechtigkeit als Wert an sich entgegen, sondern vertieft die unterschiedlichen Machtverhältnisse. Das extrem ungleich verteilte Eigentum an Finanzmitteln, Wohnraum, Boden und Produktionsmitteln steht gleichberechtigter Teilhabe an der Gesellschaft entgegen und ist zutiefst undemokratisch. Auch Arbeit ist ungleich verteilt. Dies gilt besonders für Fürsorgetätigkeiten, die in der politischen und wirtschaftlichen Sphäre oftmals ausgeblendet, schlecht bezahlt und immer noch hauptsächlich von Frauen* verrichtet werden.

▼

Wir wollen umfassende soziale Gerechtigkeit und gleichberechtigte gesellschaftliche Teilhabe für alle.

Ausbeutung & Zerstörung der Lebensgrundlagen

Das bestehende Verhältnis von Menschen zur nicht-menschlichen Umwelt ist durch Aneignung und Herrschaft geprägt. Das derzeitige Wirtschaften basiert auf massiver Ausbeutung der Natur, um Gewinne zu erwirtschaften, Wachstum zu erzielen und um moderne, ressourcenintensive Lebensstile zu ermöglichen. Weiter steigende Emissionen, das sich beschleunigende Artensterben und zerstörte Ökosysteme weltweit sind das Ergebnis eines wachsenden Ressourcenverbrauchs und industrieller Landwirtschaft. Nicht-menschliches Leben wird allein um des Profits willen zerstört und anderen Lebewesen unnötig Leid zugefügt. Davon profitieren vor allem Unternehmen sowie die globalen Mittel- und Oberschichten. Negativ betroffen sind dagegen weltweit Menschen mit wenig Geld und Privilegien. Ihnen fehlen die finanziellen Ressouren, sich gegen die Folgen der Klimakatastrophe, Bodendegradation oder die Zerstörung von Ökosystemen zu schützen.

▼

Wir wollen die natürlichen Lebensgrundlagen langfristig und für alle Lebewesen erhalten.

Entfremdung, Stress & Angst

In der gegenwärtigen Gesellschaft stehen nicht nur soziale Ungleichheiten, Machtverhältnisse und Naturzerstörung einem guten Leben entgegen, sondern auch viele andere Zwänge und Krisen moderner kapitalistischer Gesellschaften. So gehen viele Menschen einer Lohnarbeit nach, die sie selbst für sinnlos, unnötig oder schädlich halten. Die Beschleunigung und Verdichtung in allen Lebensbereichen verschärft die Entfremdung von sich selbst, vom eigenen Tun und von Anderen. Dies löst Stress, Burnout und Unzufriedenheit aus und führt zu einer dauerhaften Krise der Sorgetätigkeiten, die nur unzureichend erledigt werden können. Konkurrenz ist das Leitprinzip der Wirtschaft und der internationalen Beziehungen – das führt zu permanenter Angst vor Arbeitsplatzverlust, Altersarmut, sozialem Abstieg und Krieg.

▼

Wir wollen eine Gesellschaft, die allen Menschen ermöglicht, ein selbstbestimmtes, friedliches, freudvolles und gutes Leben zu führen.

Globale Gerechtigkeit

2048 gibt es

↦ Globale Commons, die von allen zum Wohle aller verwaltet werden
↦ einen Rat für Zukunftssicherheit, der die globalen Ressourcen demokratisch verwaltet

2048 gibt es nicht mehr

⇤ (post-)koloniale Ungleichheit
⇤ Freihandelsabkommen ⇤ unnötige Transporte

Heute spielen Nationalstaaten keine wichtige Rolle mehr. Wirtschaften ist viel regionaler organisiert. ▸3 Wirtschaft
Die gesellschaftliche Macht – auch über ökonomische Entscheidungen – liegt vor allem auf lokaler und regionaler Ebene. ▸2 Demokratie
Offene Grenzen ermöglichen uns allen umfassende Bewegungsfreiheit. Einschränkungen gibt es für den globalen Handel mit Gütern und Geld. ▸9 Bewegungsfreiheit

2048

Globale Vielfalt im Pluriversum

Heute sind die über Jahrhunderte entstandenen kolonialen Ungleichheiten weitgehend ausgeglichen – materiell, finanziell, technisch, ökologisch und ideologisch. Das neue Süd-Nord-Verhältnis und die Überwindung kolonialer Strukturen ist das Ergebnis jahrzehntelanger Kämpfe gegen kapitalistische Privilegien, koloniale Kontinuitäten und transnationale Großkonzernstrukturen. Finanzielle, kulturelle und politische Kompensationen unter anderem für koloniale Verbrechen und die Klimaschuld (wie die Rückgabe kolonialer Raubgüter und Ausgleichszahlungen) waren die Voraussetzung für partnerschaftlichen Handel.

Lebensweisen der Vergangenheit, vor allem im Globalen Norden, die sich nur auf Kosten anderer, insbesondere im Globalen Süden, und der Mitwelt realisieren ließen, sind zugunsten einfacher, kooperativer und solidarischer Lebensweisen verschwunden. Diejenigen, die früher nicht genug hatten, haben heute am gesellschaftlichen Reichtum teil.

Freiheit und Selbstbestimmung sind überall zentrale Werte. Bei ähnlicher materieller Ausstattung existieren vielfältige und sehr unterschiedliche Gesellschaftsentwürfe nebeneinander: ein Pluriversum mit verschiedenen Arten zu wohnen, zu essen, zu lieben, gemeinsam zu produzieren und Institutionen zu verwalten.

Offene Relokalisierung

Dieses Pluriversum verschiedener solidarischer Lebensweisen ist offen und in Bewegung. Es basiert auf dem globalen Austausch von Ideen und einigen Gütern. Alle Menschen können sich darin frei bewegen. ▸9 Bewegungsfreiheit Umweltschädliche Transporte haben lange aufgehört zu existieren – überregionaler Handel findet nur noch mit Solar- und Segelschiffen sowie mit effizienten Zügen statt. ▸12 Mobilität & Transport Der wenig verbleibende Flugverkehr ist ausschließlich für Personen reserviert, die ihn wirklich brauchen – sei es für dringende Familienbesuche, wichtige Treffen oder spezielle medizinische Versorgung. Weil der Transport mit Wind und Sonne aufwendiger und langsamer ist, wird viel lokaler und regionaler produziert und verbraucht. ▸5 Produktion & Betriebe ▸10 Ernährung & Landwirtschaft Viel weniger Güter und Dienstleistungen werden über den ganzen Globus gehandelt. Das Grundprinzip ist dabei die Subsidiarität, d.h. auf der kleinstmöglichen Ebene sollen diejenigen entscheiden, die von den Entscheidungen betroffen sind.

Die Wirtschaft ist viel stärker regional ausgerichtet – und nur dann überregional organisiert, wo das für alle Vorteile bringt. Da sich Lohn- oder Einkommensgefälle, Steuervorteile oder ungleiche soziale und ökologische Gesetzgebungen nicht mehr wie früher mit internationalem Handel ausnutzen lassen, sind auch viele Gründe für internationale Transporte weggefallen. Auch wenn es anfangs von einigen im Globalen Norden als Einschränkung erlebt wurde, dass manche Leckereien wie frische Mangos nicht mehr das ganze Jahr über verfügbar waren, liegt der Fokus mittlerweile auf den Vorteilen – denn die regionale Vielfalt an landwirtschaftlichen und anderen Produkten hat sich stark erhöht. ▸10 Ernährung & Landwirtschaft

Es werden nur noch die Güter gehandelt, bei denen dies trotz des weiten Transports wirklich sinnvoll ist und die das Wohlergehen der handelnden Partner und Regionen direkt fördern. Waffenhandel ist schon lange verboten. Die meisten Rohstoffe kommen aus der Wiederverwertung früherer Produktion, zum Beispiel durch die Weiternutzung von Materialien und Komponenten. Die Materialkreisläufe von nachwachsenden kompostierbaren Rohstoffen und von recyclebaren und wiederverwendbaren Kunst- →

WIE KOMMEN WIR ZU EINER FRIEDLICHEN WELT OHNE WAFFEN

Der Traum vom Weltfrieden ist uralt. Und wie das zu erreichen ist, wissen wir auch nicht. Einige Dinge sind zwar ziemlich einfach: Ohne Waffen und eine Waffenindustrie, die mit dem Verkauf und Export Geld verdient, gäbe es viel weniger gewalttätige Konflikte und weniger Opfer. Notwendig ist dafür ein weltweites Ringen darum, die Produktion aller Waffen – von Kleinfeuerwaffen bis zu nuklearen Waffen – einzustellen und die bereits existierenden Waffen zu vernichten. Andere Dinge sind jedoch ausgesprochen kompliziert: Wie kommt man von einer Welt aus Nationalstaaten und Konkurrenz zu einer internationalen Ordnung, die auf Kooperation basiert? Welche Rolle können internationale Organisationen wie die Vereinten Nationen dabei spielen? Und wie sind diese in globale demokratische Gremien eingebunden?

Auf diese Fragen haben wir teilweise Ansätze von Antworten gefunden und sie in die Kapitel eingeflochten. Teilweise sehen wir aber auch viel Bedarf an Diskussion, Forschung und der Entwicklung von konkreten Handlungsperspektiven.

stoffen, Mineralien und Metallen sind überall streng getrennt. Um eine hochwertige Wiederverwendung und -verwertung zu gewährleisten, gelten globale Produkt- und Recyclingstandards. Durch eine stark gesteigerte Effizienz im Einsatz von nicht nachwachsenden Rohstoffen sowie durch weniger Produktion ist der Bedarf an diesen stark zurückgegangen. Ob weitere Ressourcen – wie beispielsweise für Batterien notwendige Metalle – ausgebeutet werden, wird in partizipativen Verfahren entschieden, unter Einbeziehung aller Betroffenen. Dabei haben die lokalen vom Abbau betroffenen Gemeinschaften ein besonderes Mitspracherecht. Sie bestimmen auch maßgeblich die Bedingungen der Extraktion und des Handels mit den Rohstoffen, wobei diese fast immer in den betroffenen Regionen verarbeitet werden. Der Rohstoffbedarf hat sich so auf ein Minimum reduziert.

2020

WAS ES SCHON GIBT

Netzwerk Gerechter Welthandel
Schon Anfang des 21. Jahrhunderts setzten sich viele Organisationen und Bewegungen für Reformen des internationalen Handelsrechts ein – damit Handel allen dient und nicht nur den Wohlhabenden.
▸ **gerechter-welthandel.org**

Pluriversum
*Aktivist*innen und Wissenschaftler*innen beschreiben mit dem Konzept des Pluriversums eine vielfältige Welt, in der viele Welten Platz haben und das Alternativen zu Entwicklung verbindet. Mehr Infos im Buch „Pluriverse: A Post-Development Dictionary" (2019, Pune).*
▸ **radicalecologicaldemocracy.org/pluriverse**

Antimilitarismus und Friedensbewegung
Demonstrationen, direkte Aktionen und Konferenzen – gegen Militär und Waffen und für Abrüstung, kooperative Konfliktbearbeitung und eine friedliche Welt.
▸ **friedenskooperative.de**

Weltsozialforen
Weltweite Treffen der sozialen Bewegungen für eine gerechte Welt und ein anderes Wirtschaften.
▸ **transformadora.org**

Welthandel zum Wohl aller

Welthandel wird durch demokratische Institutionen am Wohl aller ausgerichtet. Diese Institutionen legen die Handelsregeln fest und orientieren sich an weltweit demokratisch festgelegten Leitprinzipien. Ökologisch, solidarisch, sozial gerecht, nicht auf Kosten anderer, subsidiär und Frieden fördernd – so soll der Handel zwischen Regionen sein und dabei die notwendigen Bedürfnisse der Menschen ins Zentrum stellen.

Konkret heißt das: Um globale Commons wie die Atmosphäre, Meere und biologische Vielfalt zu erhalten, sind auf allen Ebenen – von der Nachbarschaft bis zur globalen Ebene – demokratische Institutionen ▸2 Demokratie auf den Erhalt der natürlichen Lebensgrundlagen, die Einhaltung der Menschenrechte und auf soziale Gerechtigkeit ausgerichtet. Diese Institutionen legen Regeln fest, sodass Handel – vor allem der über lange Distanzen – nur dann stattfindet, wenn er diese Ziele befördert und nicht untergräbt. Unternehmen wirtschaften kooperativ, ökologisch und sozial. Die Zusammenarbeit der Produktions- und Handelspartner fußt dabei auf langfristigen und auch persönlichen Kontakten. ▸5 Produktion & Betriebe
Soweit dabei Preise eine Rolle spielen, sind diese ausgehandelt und spiegeln die sozialen und ökologischen Kosten wider. Handel findet jedoch weitgehend jenseits von Märkten statt. Statt Konkurrenz stehen Kooperation, der Austausch nach Bedürfnissen und Fähigkeiten sowie demokratische Aushandlungs- und Planungsprozesse im Vordergrund.

Demokratie

2048 gibt es

↦ Mitbestimmung auf allen Ebenen ↦ Suche nach Konsens
↦ Transparenz über politische Entscheidungen

2048 gibt es nicht mehr

⇤ Manipulation und Dominanz in der Gesprächskultur
⇤ Schachern um Mehrheiten ⇤ Politiker*innen-Karrieren

Unser Leben ist heute geprägt durch die Selbstbestimmung aller, sei es in der eigenen Nachbarschaft, im Sportverein oder im Betrieb. Unsere Gesellschaft ist viel gleicher als vor 30 Jahren, mit einer Gesprächskultur, in der wir gemeinsam nach der besten Lösung suchen. Entsprechend sind Diskussionen von gegenseitiger Wertschätzung geprägt – Diskriminierung und Vorurteile akzeptieren wir nicht. Austausch in diesem Sinne zu moderieren, zu führen und zu gestalten lernen wir früh. Unser Ziel ist die Suche nach Konsensen oder Lösungen, die den Bedürfnissen der Meisten am besten entsprechen und Minderheiten schützen.

2048

Demokratische Prinzipien

★ Heute ist die Demokratie durch folgende Prinzipien geprägt:

→ Das Ziel auf allen Ebenen ist es, möglichst alle Menschen in eine Entscheidung einzubeziehen, die von dieser betroffen sind, um so ein selbstbestimmtes Leben zu gewährleisten. Die genauen Verfahren und Prozesse sind vielfältig – vom persönlichen Austausch über klassische Wahlen bis hin zur Übertragung meiner Stimme an Personen, bei denen ich sicher bin, dass sie meine Meinung zu einem bestimmten Thema vertreten.

→ Entscheidungen werden immer auf der kleinstmöglichen Ebene gefällt. Das Prinzip der Subsidiarität besagt, dass für eine größtmögliche Selbstbestimmung und Eigenverantwortung übergeordnete Gremien nur über die Dinge entscheiden dürfen, die nicht auf niedrigerer Ebene entschieden werden können.

→ Als demokratische Strukturen gibt es Räte in jeder Nachbarschaft, jeder Region, thematische Räte und auch Parteien (siehe unten). Jede*r kann in diesen Gremien Vertreter*in sein, soweit ihr Rat, ihre Nachbarschaft oder Partei ihr das zutraut.

→ Alle Ämter rotieren, dadurch sind viel mehr und wechselnde Menschen in die Entscheidungsfindungen auch auf höheren Ebenen eingebunden. In den Ratsstrukturen können Vertreter*innen jederzeit auf Wunsch derjenigen, die sie delegiert und gewählt haben, ersetzt werden.

→ Über alle Entscheidungen herrscht große Transparenz, auch wenn Wahlen weiterhin geheim sind. Dies bedeutet zum Beispiel, dass die Nachbarschaft nicht auf den Bericht der Vertreter*innen angewiesen ist, sondern alle Diskussionen auf allen Ebenen über das Internet frei einsehbar sind.

Die eigene Nachbarschaft

Der Lebensmittelpunkt der eigenen Nachbarschaft ist der Hauptort für viele informelle und formelle Diskussionen und Entscheidungen. ▸11 Wohnen
Hier entscheiden die Mitglieder der Nachbarschaft über ihre Belange nach den Regeln, die sie sich gegeben haben. Es ist auch der Ort, an dem junge Menschen lernen zu diskutieren, Kompromisse einzugehen und Bedenken einzubeziehen. Gibt es Entscheidungen, die in einem größeren Rahmen getroffen werden müssen, werden Vertreter*innen der Nachbarschaft in lokale und übergreifende Räte geschickt.

SITZE ICH DANN NUR NOCH IN RÄTEN HERUM

Bei so viel Nachbarschaft, Räten in Betrieben, allgemeinen und thematischen Räten – sitzen wir dann nur noch in Räten herum und diskutieren? Hierauf gibt es mehrere Antworten.

*1. Ja, wir werden uns wieder mehr darüber unterhalten, wie wir unsere Welt gestalten, anstatt dies Menschen in Funktionen von Politiker*innen, Manager*innen und Chef*innen zu überlassen.*

2. Für diese Arbeit wird viel mehr Zeit sein als heute, denn das, was wir heute Lohnarbeit nennen, wird höchstens noch 20 Stunden pro Woche betragen. ▸6 Arbeit

*3. Wer schon mal in einer gut moderierten Gruppe gearbeitet hat, weiß: Gemeinsam Entscheidungen zu finden ist viel leichter als viele denken. Dies gilt besonders, wenn die Beteiligten ein gemeinsames Ziel oder Anliegen haben, sich also nicht wie heute oft als Konkurrent*innen bzw. Kontrahent*innen gegenüberstehen. Wenn gemeinsame Entscheidungsprozesse die Norm werden, werden wir auch sehr schnell sehr viel besser darin werden, diese gut zu gestalten.*

4. In einer Gesellschaft, die auf Kooperation statt Konkurrenz aufgebaut ist, entsteht sehr schnell Vertrauen. Ich muss dann gar nicht mehr selbst an jeder Ratssitzung teilnehmen, weil ich weiß, dass diejenigen, die dort sind, auch meine Bedürfnisse auf dem Schirm haben und sie nicht einfach übergehen werden.

Allgemeine Räte

Auch wenn Entscheidungen 2048 viel näher an den Orten getroffen werden, die sie betreffen, braucht es doch auch höhere Ebenen, um zum Beispiel über die regionale Wohnraumverteilung, das überregionale Bahnnetz oder die Behandlung von globalen Commons wie Wasser und Luft zu entscheiden. Auf den unteren Ebenen geschieht dies in Räten in der Nachbarschaft, im Quartier oder Dorf bis hin zu Regionen und Städten. Die lokaleren Ebenen schicken dabei jeweils Vertreter*innen in die höheren Ebenen. Diese Räte können nicht nur Entscheidungen treffen, sondern haben auch Zugriff auf Mittel, um diese durchzusetzen.

Die Kontrolle der Räte erfolgt aus zwei Richtungen:

Einerseits dürfen die Vertreter*innen nur in begrenztem Umfang selber entscheiden – bei wichtigen Entscheidungen müssen sie ein Votum aus den unteren Räten beziehungsweise der Nachbarschaft einholen. Dieses Votum muss kein einfaches „ja" oder „nein" sein, sondern kann auch eine differenziertere Angabe sein, wie „Wieviel Widerstand gibt es gegen eine Entscheidung auf einer Skala von 1 bis 10?"

Andererseits müssen sich die Räte bei ihren Entscheidungen an Menschenrechte und die Verfassung halten.

2020

WAS ES SCHON GIBT

Rojava
Die Autonome Administration von Nord- und Ostsyrien baut dezentrale gesellschaftliche Strukturen im Sinne des demokratischen Konföderalismus auf.
‣ **wikipedia.org : Rojava**

Räterepubliken
Die Organisation über Räte hat lange Tradition und kam in vielen gesellschaftlichen Umbruchsituationen vor, wie der Pariser Kommune 1871, der Aufbauphase der Sowjetunion (russisch „Sowjet“ = Rat), der deutschen Novemberrevolution 1918/1919 sowie in Polen und Ostdeutschland 1989.
‣ **wikipedia.org : Raeterepublik**

Parecon – Participatory Economics
Modell einer partizipativen Wirtschaft, in der Räte und Selbstverwaltung eine zentrale Rolle spielen.
‣ **participatoryeconomics.info**

Liquid Democracy
Mischform aus indirekter und direkter Demokratie, von einer Vielzahl an Organisationen und Parteien für Teile ihrer Entscheidungen eingesetzt.
‣ **freitag.de/autoren/steffen-kraft/was-ist-liquid-democracy**

Mehr Demokratie e.V.
Setzt sich für eine Weiterentwicklung der Demokratie ein, vor allem für direkte Demokratie.
‣ **mehr-demokratie.de**

Lobbycontrol
Organisation für Transparenz, eine demokratische Kontrolle und klare Schranken der Einflussnahme auf Politik und Öffentlichkeit.
‣ **lobbycontrol.de**

Thematische Räte

★ Neben allgemeinen Räten gibt es auf allen Ebenen auch thematische Räte, beispielsweise zur Stromversorgung, für Gleichberechtigung und zur Arbeitsorganisation. Sie sind für ihre jeweiligen thematischen Bereiche zuständig. Wenn nötig, tauschen sie sich mit anderen Räten aus (beispielsweise der Wohnungsrat mit dem Mobilitätsrat). Sie beziehen nicht nur Expert*innen mit ein, sondern auch sonstige Stakeholder wie Arbeiter*innen, Konsument*innen und Anwohner*innen.

Räte in Betrieben

★ Alle Betriebe werden von den dort Tätigen selbst geführt. Entscheidungen innerhalb der Betriebe treffen diejenigen gemeinsam, die dort arbeiten, oder sie wählen Delegierte. In manchen Betrieben sind auch weitere Stakeholder wie die Konsument*innen und Zulieferer*innen vertreten. Die allgemeinen und thematischen Räte kontrollieren die Betriebe hinsichtlich der Produktion (ist sie nachhaltig und fair) und der Produkte (sind sie gesellschaftlich gewünscht und zweckdienlich).

DIE DEMOKRATIE DER ZUKUNFT – DAS GROSSE RÄTSELRATEN

Die Beschreibung der Demokratie im Jahr 2048 fiel uns schwer. Wir sind uns sicher, dass die Menschen an mehr Entscheidungen beteiligt werden müssen und dafür auch die Zeit vorhanden sein muss. Wir sind uns auch sicher, dass es eine andere Kultur der politischen Auseinandersetzung braucht. Darüber hinaus blieben viele Fragen offen: Sollen wir unser derzeitiges politisches System bewahren in dem Glauben, dass ein anderes Wirtschaftssystem auch zu anderer Politik in den alten Institutionen führt? Sollen wir uns ein Rätesystem ausmalen, weil Räte überall dort natürlich entstehen zu scheinen, wo sie gebraucht werden? Brauchen wir einen neuen Begriff, weil „Räte“ bei vielen Menschen schlechte Assoziationen weckt? Wie kann gleichzeitig Mitbestimmung, Veränderbarkeit und die Daseinsvorsorge garantiert werden? Wer setzt solche Garantien durch und mit welchen (Gewalt-)Mitteln? Sind die richtigen Strukturen überhaupt am Reißbrett zu entwerfen oder entstehen sie organisch im Prozess? Vor dem Hintergrund dieser Fragen soll unsere Rückschau aus dem Jahr 2048 als ein Anstoß für Diskussionen dienen.

Parlament & Verfassungs-konvent

Verschiedene überregionale und transregionale Parlamente entsprechen am ehesten den früheren Strukturen in der Bundesrepublik – es gibt politische Parteien, die gewählt werden und Vertreter*innen in das Parlament schicken. Hauptfunktion der Parlamente ist es, Entscheidungen auf höheren Ebenen zu treffen. Dabei müssen die Parlamente bei schwerwiegenden Entscheidungen auf Bürger*innen-Entscheide zurückgreifen. Außerdem sichern die Parlamente die Einhaltung der Verfassung. Hierzu gehört neben dem Schutz von Minderheiten auch die Sicherstellung der allgemeinen Daseinsvorsorge, die Ende der 2020er Jahre in einer neuen europäischen Verfassung festgeschrieben wurde. Für diese Aufgabe verfügen Parlamente auch über Interventionsmöglichkeiten in die verschiedenen Räte. Diese Interventionen bestehen normalerweise aus kommunikativen Konfliktlösungsmechanismen entsprechend dem Ansatz der opferorientierten Justiz (Restorative Justice). Der Ansatz hat zum Ziel, materielle und immaterielle Schäden wiedergutzumachen und positive soziale Beziehungen wiederherzustellen. Jede Verfassung selbst wird regelmäßig durch Verfassungskonvente angepasst.

FRIEDE, FREUDE, EIERKUCHEN – ODER: GIBT ES IN DER UTOPIE KONFLIKTE

Wo Menschen zusammen leben, gibt es Konflikte. Das ist auch 2048 in der Vision Zukunft für alle so. Was den Unterschied zu 2020 ausmacht: wie viele Gründe für Konflikte bestehen und wie damit umgegangen wird. Wir beschreiben eine Welt, in der alle Menschen ein gutes Leben haben können und die Natur nicht mehr ausgebeutet wird. ▸Grundwerte der Vision *Viele Ursachen, warum es Leid gibt und Menschen in Konflikten stehen, sind beseitigt worden. Es bestehen also weniger Gründe für Konflikte und diese sind weniger existentiell.*

Menschen sind von sozialen Verhältnissen geformt. Sie sind an sich weder selbstlos noch egoistisch, weder friedlich noch agressiv, sondern durch ihre Mitwelt werden bestimmte Eigenschaften gefördert. Erfahren Menschen von Klein auf Liebe, Anerkennung, Ehrlichkeit und Achtsamkeit, formt sie dies anders, als wenn sie Hass, Unterdrückung, Gewalt und Ignoranz erleben. Wenn eine Gesellschaft und ihr System also Eigenschaften und Haltungen fördern, die einem solidarischen Miteinander zuträglich sind, wird sich das positiv auf das Zusammenleben der Menschen dort auswirken – und umgekehrt. Wir beschreiben genau ein solches System – und setzen auf selbstverstärkende Effekte.

Um Konflikte sinnvoll zu bearbeiten, ist es wichtig, Kommunikationsformen zu etablieren und zu üben, die eine Bedürfnisaushandlung und eine Beteiligung aller ermöglichen. Das heißt, dass Menschen verstehen müssen, worum es eigentlich geht bei Aushandlungen. Sie lernen zu erkennen, was die eigentlichen Bedürfnisse hinter Wünschen und Strategien sind, und wie diese gut kommuniziert werden können. Gleichzeitig sind Austauschräume notwendig, in denen die eigenen Bedürfnisse vertrauensvoll aufgenommen und mit anderen Bedürfnissen gleichwertig abgewogen werden. Das gilt auf einer persönlichen Ebene in Nahbeziehungen genauso wie auf der politischen und wirtschaftlichen Ebene in den oben beschriebenen Räten.

*Darüber hinaus beinhaltet die Zukunft für alle einen gesellschaftlichen Umgang mit Konflikten, dessen Ziel Konflikttransformationen durch Wiedergutmachungsverfahren ist und nicht Ausgrenzung und Strafe. Statt Gefängnissen gibt es 2048 Räume und gesellschaftliche Gruppen, die Menschen bei der Wiedergutmachung von Verletzungen und Schäden begleiten und auf die Wiederherstellung von positiven, funktionierenden sozialen Beziehungen setzen (opferorientierte Justiz). Durch Partizipation, Ermächtigung und Verantwortungsübernahme trägt die Gesellschaft Verantwortung für die Verhältnisse, die sie schafft. Wir setzen auf Mediator*innen, die in Kommunikation, Vertrauensbildung und Deeskalation geschult sind, statt schwerbewaffneter Polizei. Auch in Konflikten, die bereits gewaltvoll ausgetragen werden, bleibt Reden und Verhandeln die beste und wichtigste Strategie.*

Wirtschaft

2048 gibt es

↦ Einen großen Bereich selbstorganisierter Beitragsökonomie ↦ gemeinwohlorientierte Märkte ↦ einen stark ausgebauten Care-Sektor ↦ regionale Wirtschaftsstrukturen

2048 gibt es nicht mehr

⇤ rein profitorientiertes Wirtschaften
⇤ Rüstungs-, Werbe- und Versicherungsindustrie
⇤ geplante Obsoleszenz ⇤ Privateigentum an größeren Produktionsmitteln

Von Marktdominanz zu demokratischer Selbstbestimmung

Heute besteht die Wirtschaft aus drei Säulen: selbstorganisierte Commons, öffentliche und demokratische Daseinsvorsorge und gemeinwohlorientierte Märkte. Was heißt das, und wie kam es dazu?

Die Krisen zu Anfang des 21. Jahrhunderts – Klima und Biodiversität, Ungleichheit, Austerität – spitzten sich in der durch Corona ausgelösten Wirtschaftskrise so zu, dass klar wurde: Märkte und die Strukturen der wachstumsorientierten Ökonomie, in der Macht und Reichtum zunehmend konzentriert waren, versagten bei der Befriedigung vieler Bedürfnisse. Während einige Menschen immer reicher und mächtiger geworden waren, gab es nicht genug bezahlbaren Wohnraum, keinen Schutz der natürlichen Lebensgrundlagen, keine ausreichend funktionierende Gesundheitsversorgung, immer mehr Unsicherheit und soziale Spaltung, zu wenig Mitbestimmung und freie Zeit. Auf starken öffentlichen Druck hin entschieden viele Kommunen und Städte, die Versorgung mit Wohnraum, Mobilität und Energie (wieder) selber zu übernehmen oder an demokratische Betriebe wie Kollektive oder Genossenschaften zu übergeben. Gleichzeitig entstanden immer mehr selbstorganisierte Alternativen wie solidarische Landwirtschaftsprojekte, die als Beitragsökonomien weitgehend geldfrei und nach dem Motto „Beitragen statt Tauschen" arbeiten. In Beitragsökonomien wird nicht getauscht, sondern jede*r produziert für die Gemeinschaft und wird von ihr versorgt. D.h. die Menschen tauschen ihre Produkte nicht am Markt, sondern stellen sie allen zur Verfügung. ⟶

Heute ist das Ziel des Wirtschaftens das Wohlergehen aller und nicht mehr Profit, Wachstum oder die Produktion möglichst vieler Dinge. Wirtschaftliche Aktivitäten sind an unseren Bedürfnissen ausgerichtet: Sie zielen darauf ab, konkrete Bedürfnisse wie das nach Nahrung, Wohnraum, Kommunikation und Mitbestimmung auf eine ökologische, soziale und demokratische Art und Weise zu befriedigen. Dabei geht es sowohl darum, dass wir Güter und Dienstleistungen bekommen – beispielsweise Essen, Mobilität, Sport und Kultur. Es bezieht aber auch unsere Bedürfnisse mit ein, etwas beizutragen – beispielsweise die Gesellschaft zu gestalten, tätig zu sein und einem Beruf nachzugehen.

2048

2020

WAS ES SCHON GIBT

Netzwerk Ökonomischer Wandel
Vernetzt verschiedene Ansätze für eine zukunftsfähige Wirtschaft jenseits von Wachstum, Konkurrenz und Kapitalismus.
▸ **netzwerk-oekonomischer-wandel.org**

Gemeinwohl-Ökonomie
Alle wirtschaftliche Tätigkeit trägt zum Gemeinwohl bei. Erfolg wird mit dem Gemeinwohl-Produkt (Volkswirtschaften), der Gemeinwohl-Bilanz (Unternehmen) und der Gemeinwohl-Prüfung (Investitionen) gemessen.
▸ **web.ecogood.org**

Solidarische Ökonomie
Bedeutet zu wirtschaften, um die Bedürfnisse der Menschen auf Basis von Kooperation und Selbstorganisation zu befriedigen. Dies geschieht möglichst ökologisch, diskriminierungsfrei und global gerecht. Es geht um Sinn vor Gewinn und um Kooperation statt Konkurrenz.
▸ **solidarische-oekonomie.de**

Commons
Gemeinschaffende Nutzung, Herstellung, Verwaltung und Weiterentwicklung. Dabei kann es um die Lebensmittelproduktion gehen, um Softwareprogrammierung, die geteilte Nutzung nachhaltiger Energiequellen, die Lösung von Transportproblemen oder die Pflege von Menschen. Commons werden „jenseits von Markt und Staat" verortet.
▸ **transcript-verlag.de/media/pdf/cb/8a/c6/oa9783839445303.pdf**

⟶ Dieser Trend – Verdrängung des Marktes zugunsten einer allgemeinen Daseinsvorsorge und selbstorganisierter Alternativen – hat sich bis heute verstärkt. Diese Transformation ist aber noch nicht abgeschlossen.

Konkret ist heute für alle Menschen eine *umfassende öffentliche Daseinsvorsorge* garantiert, welche die Teilhabe aller am gesellschaftlichen Leben ermöglicht. ▸4 Soziale Garantien

Märkte wurden deutlich zurückgedrängt und durch politische Regulierungen und demokratische Betriebsformen an Bedürfnissen und auf das Gemeinwohl ausgerichtet. Zunehmend mehr Menschen sind in *selbstorganisierten Commons* tätig. ▸5 Produktion & Betriebe

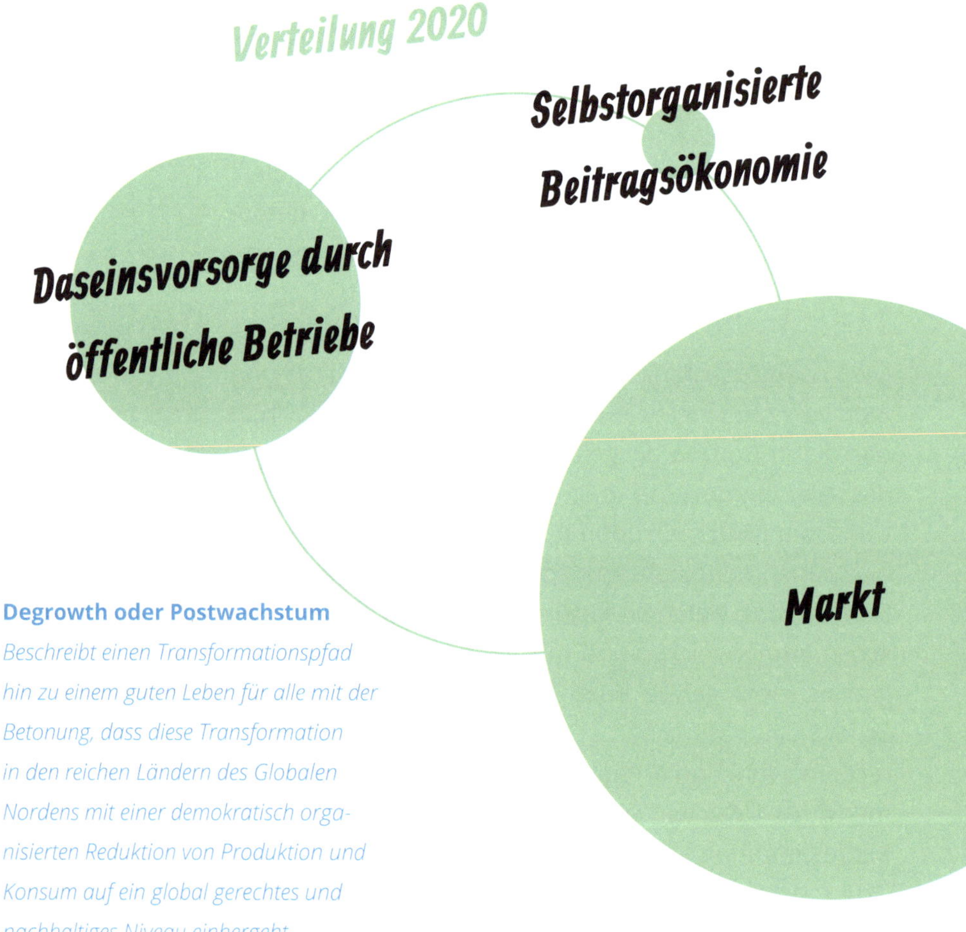

Degrowth oder Postwachstum
Beschreibt einen Transformationspfad hin zu einem guten Leben für alle mit der Betonung, dass diese Transformation in den reichen Ländern des Globalen Nordens mit einer demokratisch organisierten Reduktion von Produktion und Konsum auf ein global gerechtes und nachhaltiges Niveau einhergeht.
▸ **degrowth.info**

Tauschlogikfreies Wirtschaften
Tauschlogikfreiheit als Ansatz zeigt stärker als andere auf, was der Markt bzw. die Tauschlogik macht: künstliche Knappheit, Wachstumszwang, Missgunst… Tauschlogikfreies Wirtschaften orientiert sich an den Prinzipien Beitragen statt Tauschen und Besitz statt Eigentum.
▸ **ich-tausch-nicht-mehr.net**

Die sektorale Struktur der Wirtschaft 2048

Da die Wirtschaft heute ein anderes Ziel hat – nämlich materielle und immaterielle Bedürfnisse zu befriedigen –, ist sie grundlegend anders strukturiert als noch in den 2010er Jahren.

Sorgearbeit steht im Zentrum des Wirtschaftens. ▸6 Arbeit Entsprechend wurde der Care-Sektor – also Pflege, Medizin, Gesundheitsversorgung und Erziehungsarbeit ▸8 Gesundheit & Teilhabe stark ausgebaut. Waren diese Bereiche in der Vergangenheit durch schlechte Arbeitsbedingungen und niedrige Löhne gekennzeichnet, ist heute allen klar, dass sie die Basis jeder Gesellschaft sind. Dementsprechend sind viel mehr Menschen in diesen Bereichen tätig, und die Arbeit ist gesellschaftlich hoch anerkannt, befriedigend und dort, wo sie als Lohnarbeit organisiert ist, gut entlohnt. ▸5 Produktion & Betriebe Auch Kultur und Bildung haben einen hohen Stellenwert.

Andere Bereiche sind wichtig geblieben, so wie Landwirtschaft, Energieerzeugung und Maschinenbau. Auch hier wird allerdings anders – nachhaltig und sozial gerecht – produziert, und wir stellen nur noch solche Produkte her, die wir gesellschaftlich sinnvoll finden.

Ressourcenintensive industrielle Produktion wurde hingegen stark zurückgefahren. Konkret gibt es kaum noch Schwerindustrie, Automobilindustrie, Bergbau und Baugewerbe. Außerdem sind ganze Industriezweige und Dienstleistungssparten weggefallen, die keinen Beitrag zur Erfüllung wichtiger Bedürfnisse leisteten oder einfach überflüssig geworden sind. Dazu zählen Rüstungs-, Werbe- und Versicherungsindustrie sowie große Teile der Finanzwirtschaft. ▸15 Finanzen In den Bereichen, wo wir uns demokratisch dafür entschieden haben, wurde die Produktvielfalt eingeschränkt. Geplanter Verschleiß und schnell wechselnde Moden gehören der Vergangenheit an. In anderen Bereichen hat sich durch die dezentrale Wirtschaftsstruktur wegen regionaler Besonderheiten bei Ressourcen und Bedürfnissen sowie Kultur und Tradition eine viel größere Vielfalt entwickelt, zum Beispiel beim Bauen.

Die Wirtschaftsstrukturen sind dabei insgesamt deutlich regionaler als früher – die meisten Dinge werden in der eigenen Region produziert, und nur wenn unbedingt notwendig, werden Güter über längere Strecken transportiert. ▸1 Globale Gerechtigkeit Überregionalen Handel treiben nur kooperative Organisationen – dazu zählen von den Mitarbeitenden kontrollierte und geführte Betriebe, Verbraucher- und Produzent*innen-Kooperativen, vergesellschaftete und öffentliche Unternehmen, globale Netzwerke von commonisch-verwaltenden Gremien, technisch-wissenschaftliche Kooperativen und viele mehr. ▸4 Soziale Garantien

WARUM GIBT ES NOCH MÄRKTE IN DER UTOPIE

Der Markt als Organisations- und Verteilungsmechanismus wird vielerorts stark kritisiert, und zwar zu Recht. Er führt dazu, dass sich Reichtum ungleich verteilt und macht gleichzeitig den Zugang zu lebensnotwendigen Dingen wie Lebensmitteln und Obdach vom persönlichen Einkommen und Reichtum abhängig. Märkte sind in gewisser Weise der Gegenpol zu einer bedarfsorientierten Wirtschaft, die wir befürworten. In unserer Vision gibt es sie trotzdem, aber grundlegend anders als heute. Ihre Macht ist eingehegt und sie werden demokratisch so reguliert, dass sie ihr Handeln am Gemeinwohl orientieren. Sie sind außerdem nur ein relativ kleiner Teil der viel umfassenderen Wirtschaft – daneben gibt es öffentliche Betriebe zur Daseinsvorsorge und eine selbstorganisierte Beitragsökonomie.

Das führt zu einer Reihe von Fragen:

→ *Können Märkte überhaupt so stark verändert werden, dass sie sich am Gemeinwohl orientieren? Und wenn ja, braucht es dafür einen sehr machtvollen Staat und umfassende Kontrollen und Regulierungen, die aus anderen Gründen auch wieder problematisch sind?*

→ *Ist die volle Internalisierung von Kosten möglich und ethisch vertretbar? Sind „Preise, die die wahren sozialen und ökologischen Kosten darstellen" nur ein theoretischer Traum der Volkswirtschaft? Wenn nein, sind Annäherungen daran trotzdem sinnvoll, um Marktgeschehen zu beeinflussen?*

→ *Ist es möglich, etwas Markt in einigen Wirtschaftsbereichen zu haben, während sich in anderen öffentliche Betriebe und selbstorganisierte Commons ausbreiten? Oder wird der Markt über kurz oder lang immer alle Lebens- und Wirtschaftsbereiche durchdringen?*

All diese Fragen finden wir wichtig, und trotzdem haben wir keine marktfreie Utopie skizziert. Denn erstens soll unsere Welt im Jahr 2048 kein idealer Endpunkt sein, sondern eine widersprüchliche Übergangsphase mit Elementen des Vergangenen und des Neuen. Und zweitens glauben wir nicht daran, dass die Transformation so funktioniert, dass ein Masterplan entworfen und zu einem bestimmten Stichtag alles umgestellt wird. Es ist also sehr wahrscheinlich, dass es Mischformen geben wird und der Markt aktiv zurückgedrängt werden muss. Außerdem wollen wir drittens eine Vision, die vorstellbar und machbar ist – und sind der Meinung, dass die Mischform dem näher kommt als eine marktfreie Welt.

Daher gibt es in unserer Vision noch Märkte, allerdings haben sie ihre prägende Bedeutung verloren.

Soziale Garantien

4

2048 gibt es

↦ Für alle zugängliche Infrastrukturen und Dienstleistungen
↦ bedingungsloses Grundeinkommen

2048 gibt es nicht mehr

⇤ Armut ⇤ finanzielle Ängste und Unsicherheiten

Heute gibt es umfassende soziale Garantien. Sie sorgen dafür, dass jede Person angstfrei leben kann und ermöglichen gesellschaftliche Teilhabe für alle und in allen Lebenssituationen. Die sozialen Garantien stehen jeder Person zu, unabhängig von und zusätzlich zu weiterem Einkommen. Was die Garantien genau umfassen, wird demokratisch festgelegt und variiert auch je nach Region. ▸3 Demokratie *Sie sind in jedem Fall innerhalb der Region universell gültig, personenbezogen und an den Grundbedürfnissen orientiert. Viele Regionen haben sich auf zwei Bestandteile der Garantien geeinigt: umfassenden Zugang zu öffentlich hergestellten Infrastruk-turen und Dienstleistungen sowie eine finanzielle Freiheitsgarantie.*

2048

Infrastrukturen & Dienstleistungen

Alle Menschen haben Zugang zu allen Infrastrukturen und Dienstleistungen, die für ein gutes Leben notwendig sind. Hierzu gehören:

→ Gesundheit und Pflege ▸8 Gesundheit & Teilhabe

→ Kinderbetreuung, Bildung und Weiterbildungen ▸6 Arbeit ▸14 Bildung

→ Öffentliche Infrastrukturen wie Straßen, Parks, öffentiche Gebäude, Nachbarschaftszentren, Kultureinrichtungen, Sportanlagen und Bibliotheken ▸11 Wohnen

→ ÖPNV und Regionalverkehr (deutlich ausgebaut im Vergleich zu heute) ▸12 Mobilität & Transport

→ Wohnraum (eine demokratisch bestimmte Größe, mit Ausnahmen für Menschen mit besonderen Bedürfnissen) ▸11 Wohnen

→ Wasser, Energie und Wärme (eine demokratisch bestimmte Menge, angepasst an die Bedürfnisse) ▸13 Energie & Klima

→ Internet- und Kommunikationsverbindungen, inkl. einem digitalen Endgerät ▸9 Technik

Finanzielle Freiheitsgarantie

Alle bekommen zusätzlich dazu ein in Geld ausgezahltes bedingungsloses Grundeinkommen. Dieses zielt darauf ab, die Bedürfnisse zu befriedigen, die nicht durch die sozialen Infrastrukturen abgedeckt sind. Dabei geht es unter anderem um:

→ Essen (das über Grundversorgung und selbstorganisierte Beitragsökonomie hinausgeht)
→ Kleidung
→ Nachhaltige Transportmittel wie Fahrräder
→ Freizeitgüter, Kulturveranstaltungen und ähnliches, sofern sie nicht kostenfrei sind
→ Größere Reisen und Urlaube
→ Café- und Gaststättenbesuche

Auch wer mehr als die demokratisch bestimmte Menge an Wohnraum, Wärme oder Energie nutzten möchte, zahlt dafür progressiv ansteigende Gebühren.

Durch die bereitgestellten Infrastrukturen und das Grundeinkommen sind alle umfassend abgesichert. Gleichzeitig wurde die reguläre wöchentliche Erwerbsarbeitszeit auf 20 Stunden verkürzt ▸6 Arbeit – denn die Befriedigung vieler Bedürfnisse ist weniger eine Frage der materiellen Versorgung als eine Frage der Zeit, die Menschen für Sorge, Muße, politische Beteiligung, Lernen und soziale Kontakte brauchen.

2020

WAS ES SCHON GIBT

Netzwerk Grundeinkommen
Zusammenschluss von Menschen und Organisationen, die für das bedingungslose Grundeinkommen eintreten.
‣ **grundeinkommen.de**

attac
Insbesondere die AG Soziale Sicherungssysteme setzt sich für eine solidarische Bürgerversicherung ein.
‣ **attac.de**

Universal Basic Services
Informationen zum Vorschlag der universellen Basisdiensleistungen, also einer umfassenden sozialen Infrastruktur.
‣ **universalbasicservices.org**

Dotation Inconditionnelle d'Autonomie
Französischer Vorschlag aus der Postwachstumsbewegung für eine bedingungslose Autonomiegarantie für alle, vom Wohnraum bis zur Ernährung.
‣ **projet-decroissance.net**

SO VIELE GARANTIEN – WER ARBEITET DANN ÜBERHAUPT NOCH

In unserer Utopie muss niemand arbeiten, um versorgt zu sein – alle Menschen erhalten genug für ein gutes Leben, egal wie viel sie arbeiten. Gleichzeitig müssen natürlich in jeder Gesellschaft bestimmte Arbeiten nicht nur optional und irgendwann, sondern zwingend und dringend erledigt werden, damit das gute Leben für alle gewährleistet werden kann. So müssen z.B. Menschen gepflegt und Nahrungsmittel oder Wärme produziert werden. Kann in einer Gesellschaft ohne dringende Notwendigkeit zu arbeiten, um die eigene Lebensgrundlage zu sichern, sichergestellt werden, dass diese Arbeiten erledigt werden?

Hier landen wir schnell beim grundsätzlichen Menschenbild: Sind sie Egomanen, die nur auf ihren eigenen Vorteil bedacht sind, oder empathische Wesen mit dem natürlichen Bedürfnis, für andere zu sorgen? Wir gehen davon aus, dass ein Mensch beides sein kann, je nach Rahmenbedingungen, die wiederum von Menschen gestaltbar sind. Wenn diese also stimmen, wenn Menschen frei entscheiden können, was sie wie machen, und eine Kultur der Wertschätzung vorherrscht, werden alle wichtigen Arbeiten erledigt, auch solche, die heute oft als unangenehm betrachtet werden. Wahrscheinlich wird sich dabei herausstellen, dass es wenige Arbeiten gibt, die alle unangenehm finden. Falls doch notwendige Tätigkeiten übrig bleiben, können für diese Arbeiten entweder technische Lösungen gefunden werden oder gesellschaftliche – indem sie beispielsweise rotieren oder besonders gut bezahlt werden.

Produktion & Betriebe

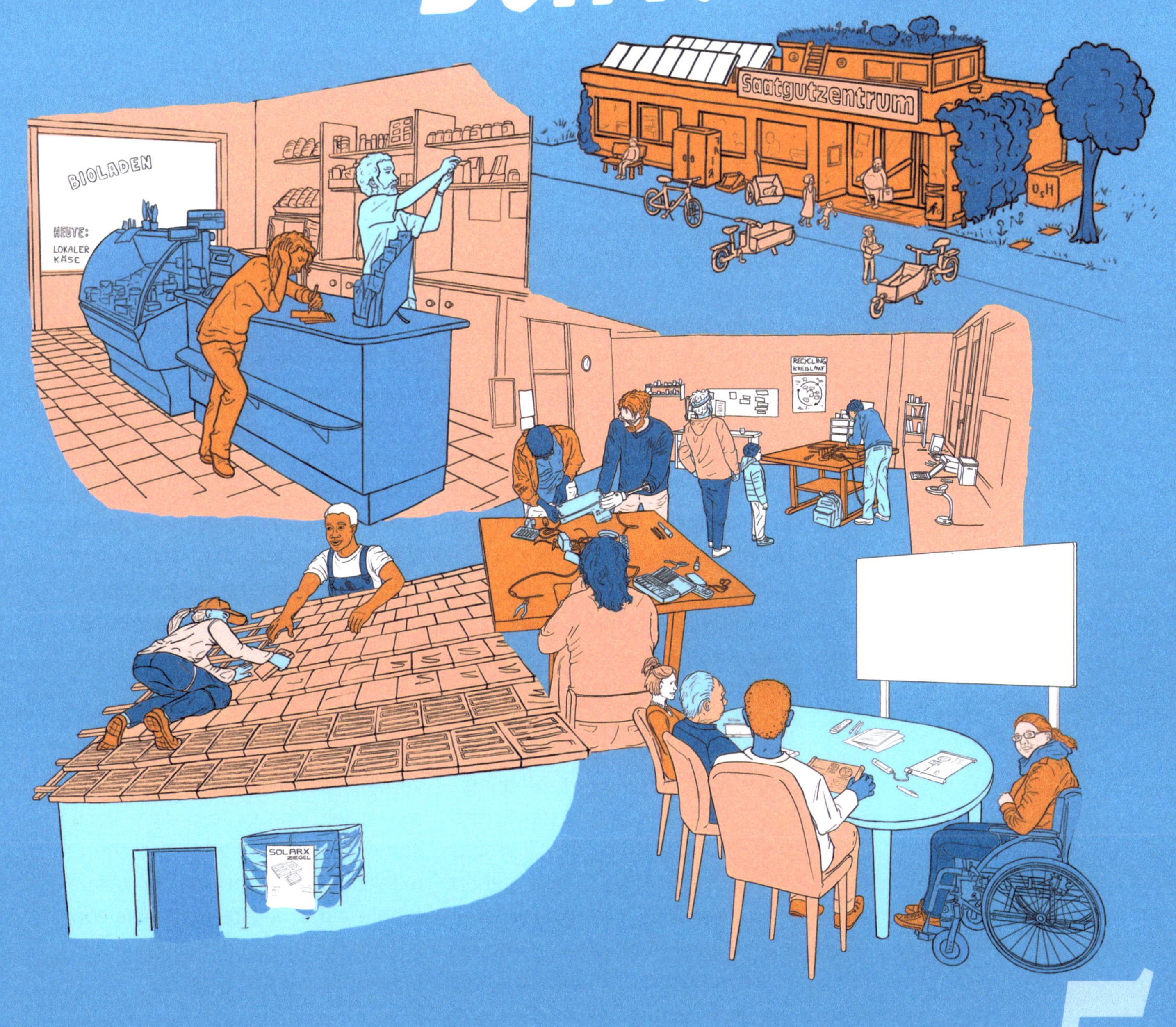

5

2048 gibt es

↦ Demokratische Betriebe ↦ Commoning

↦ Zeit für Wertschätzung im Betrieb

2048 gibt es nicht mehr

⇤ Arbeiten zur Existenzsicherung ⇤ sehr ungleiche Gehälter

⇤ Renten aus dem Besitz von Grund und Boden oder Kapital

⇤ profitorientierte Aktienkonzerne

Demokratische und gerechte Betriebe für alle

Die Herstellung von Gütern und Dienstleistungen findet heute in einer Vielzahl von Betriebsformen statt. Betriebe sind Organisationen, die der Gesellschaft dienen, indem sie Bedürfnisse befriedigen und Versorgung sichern und dabei die natürlichen Lebensgrundlagen erhalten.

2048

Heute sind alle Betriebe demokratisch organisiert und kontrolliert, das heißt mindestens alle Arbeiter*innen entscheiden gemeinsam, was und wie produziert wird. Gleichzeitig sind diese Entscheidungen aber auch gesellschaftlich eingebettet – über Rätestrukturen wird der Rahmen festgelegt, innerhalb dessen die Betriebe über ihre Produktion entscheiden können. ▸2 Demokratie Damit die Mitbestimmung gut funktioniert, sind größere Betriebe in Organisationseinheiten von nicht mehr als 300 Mitarbeitenden eingeteilt.

Wir sind zur Sicherung unserer Existenz nicht mehr auf einen Erwerbsarbeitsplatz angewiesen. Daher existieren nur noch Betriebe, die notwendige Güter und Dienstleistungen bereitstellen, beziehungsweise sinnstiftende Orte der Selbstverwirklichung und des Lernens sind. ▸14 Bildung Hierzu gehört eine reguläre Erwerbsarbeitszeit von 20 Stunden pro Woche und ein entschleunigter Arbeitsrhythmus – es bleibt genug Zeit für Betriebsentscheidungen und für gegenseitige Wertschätzung.

Sofern eine Vergütung in Form von Lohn erfolgt, erhalten alle etwa gleich viel. Die Lohnspreizung ist durch ein Maximaleinkommen begrenzt. Dieses wurde in demokratischen regionalen Entscheidungsprozessen beschlossen und über die Jahre kontinuierlich abgesenkt – es beträgt in vielen Gebieten gleich viel wie das als Geld ausgezahlte Grundeinkommen, so dass ein Mensch maximal doppelt so viel Einkommen haben kann wie eine andere Person. Andere Einkommensmöglichkeiten als durch Arbeit (z.B. Renten aus dem Besitz von Grund und Boden oder Kapital) gibt es nicht mehr. Betriebe werden nach ökologischen Kriterien besteuert.

Betriebe können von der regionalen bis zur globalen Ebene miteinander vernetzt sein. Diese enge Zusammenarbeit erlaubt es, dass auch komplizierte Güter wie Herzschrittmacher, Smartphones oder Solarschiffe auf arbeitsteilige Weise von komplexen Produktionsnetzwerken hergestellt werden können.

Vielfalt: Gemeinwohlunternehmen, öffentliche Betriebe, Genossenschaften und Commons

Neben diesen Gemeinsamkeiten unterscheiden sich die Betriebe auch. So hat sich im Laufe der Zeit ein Spektrum aus verschiedenen Betriebsformen herausgebildet: Das eine Ende des Spektrums besteht aus Betrieben, ähnlich wie mensch sie aus der Vergangenheit kennt, jedoch sind diese demokratisch organisiert und wirtschaften mit einem anderen Ziel – nicht für Profit, sondern um menschliche Bedürfnisse zu befriedigen. Die in diesen Betrieben Tätigen bekommen einen Lohn für ihre Arbeit, und die Produkte und Dienstleistungen der Betriebe werden am Markt angeboten.

Das andere Ende des Spektrums bilden Betriebe, die von Konsument*innen, Mitarbeiter*innen, Nachbar*innen und anderen Interessensgemeinschaften zusammen geführt werden, und zwar in selbstorganisierten Prozessen des gemeinsamen bedürfnisorientierten Produzierens, Verwaltens, Pflegens und Nutzens (Commoning). Diese Betriebe entscheiden selbst, ob sie Gehälter zahlen und ihre Produkte verkaufen oder im Zusammenschluss mit anderen Betrieben im Sinne einer Beitragsökonomie (im Gegensatz zur Tauschwirtschaft) funktionieren. Das heißt, die Menschen sind freiwillig und aus Einsicht tätig. →

2020

WAS ES SCHON GIBT

Solidarische Landwirtschaftsbetriebe
*Bilden solidarische Gemeinschaften zwischen Bäuer*innen/Gärtner*innen und Kund*innen.*
‣ **solidarische-landwirtschaft.org**

Kollektive Betriebe
Entscheiden gemeinsam darüber, was produziert wird und wie.
‣ **union-coop.org**

Gemeinwohlbetriebe
Erstellen und orientieren sich an Gemeinwohlbilanzen, nicht am Profit.
‣ **web.ecogood.org/de/die-bewegung/pionier-unternehmen**

Community basiertes Wirtschaften (CSX)
*Erweitern das Prinzip der solidarischen Produktions- und Konsument*innen-Gemeinschaften auf Bereiche jenseits der Landwirtschaft.*

Öffentliche Betriebe
Zum Beispiel Bibliotheken oder Wasserwerke, stellen Dienstleistungen und Güter für die Bevölkerung zur Verfügung.

→ Damit dies gut funktioniert, mussten wir lernen, Konflikte als gleichberechtigte Individuen zu lösen. Außerdem brauchte es neue Methoden, um zu signalisieren, welche Produkte und Dienstleistungen mehr oder weniger gebraucht werden. Hierfür entwickelten sich ganz verschiedene Lösungen, von komplexen digitalen Tools bis hin zu klassischen schwarzen Brettern.

Schließlich ist ein Teil der Betriebe in öffentlicher Hand, sei es das Dorf, die Stadt oder die Region. Diese Betriebe sind vor allem für die Bereitstellung der *sozialen Infrastrukturen* (Mobilitätssektor, Gesundheits-, Bildungswesen, Energieversorgung, Kulturbereich) zuständig.

Arbeit

6

2048 gibt es

↦ große Wertschätzung für Sorge-Tätigkeiten

↦ Zeitwohlstand ↦ 20 Stunden-Woche ↦ Lust am Tätigsein

↦ gleichberechtigte Arbeitsteilung

2048 gibt es nicht mehr

⇤ Arbeitszwang ⇤ Arbeitslosigkeit

⇤ Burnouts ⇤ sinnlose Jobs

Heute haben wir alle einen abwechslungsreichen und entschleunigten Alltag.
Die Erwerbsarbeitszeit von maximal 20 Stunden pro Woche macht es allen möglich, dass Zeit zur Verfügung steht für selbstgewählte Tätigkeiten und mehr Muße. Wir sind weniger gestresst und verspüren keinen Druck, erwerbsarbeiten zu müssen.
Wir sind freier darin zu entscheiden, mit welchen Aufgaben wir unseren Alltag und Lebensweg füllen.

2048

Erwerbsarbeit – nur eine Form der Arbeit neben anderen

Heute steht Erwerbsarbeit gleichberechtigt und gleichwertig neben drei weiteren Tätigkeitsfeldern: Sorgearbeit, Selbstentfaltung sowie politisches Engagement.

Erwerbsarbeiten gehen die Menschen heute in der Regel noch 20 Stunden pro Woche. Diese Zeit reicht aus, damit die Versorgung und Organisation der Gesellschaft gewährleistet sind. In früheren Zeiten wurde „Erwerbsarbeit" oft mit dem Wort „Arbeit" gleichgesetzt. Diese Erwerbsarbeit war Dreh- und Angelpunkt jeder Biografie, trug zum Überleben bei, war dabei aber nicht immer existenzsichernd. Andere Tätigkeiten wurden oft ausgeblendet. Diese Kurzsichtigkeit ist im Jahr 2048 überwunden – verschiedene Formen von Arbeit werden anerkannt und von allen ausgeübt.

Mit Sorgearbeit – auch Carearbeit genannt – sind Tätigkeiten gemeint wie Putzen, Wäsche machen, Kochen, Einkaufen oder den Haushalt organisieren. Dazu gehört auch, sich um Kinder, Ältere und andere Menschen, die Unterstützung brauchen, zu kümmern und sie zu versorgen. Auch die Selbstsorge und Lebensberatung von Freund*innen ist mitgemeint.

Das Feld der Selbstentfaltung umfasst Lernen, neugierig das Leben erkunden, künstlerisch tätig sein, Sport treiben, Schreiben, Reisen oder sich der Muße hingeben.

Politisches Engagement meint, dass Menschen sich einbringen und Gesellschaft gestalten, beispielsweise in den Räten oder der Selbstorganisation eines Betriebs.

Der Sorgebereich – das größte Tätigkeitsfeld

Die Gleichrangigkeit dieser vier Tätigkeitsfelder ist heute nicht nur ideell umgesetzt. Dazu hat vor allem die veränderte Zielsetzung des Wirtschaftens geführt – menschliche Bedürfnisse stehen im Zentrum. Ein wesentlicher Teil der existenziellen Bedürfnisse werden durch Sorge- und Fürsorgearbeit erfüllt, weshalb sie Priorität vor anderen Arbeitsfeldern genießt. Diese Umstrukturierung veränderte damalige Wirtschaftszweige tiefgreifend. Viele Jobs, in denen vor allem Männer tätig waren, waren nicht mehr notwendig (Automobilindustrie, Bergbau, erdölbasierte Industrie, Rüstungsproduktion uvm.) und die Menschen brauchten neue Tätigkeitsfelder. ▸3 Wirtschaft

Die Transformation war herausfordernd und brauchte viel Fingerspitzengefühl, da sich eines der bedeutendsten Identifikationsfelder – die Erwerbsarbeit – für Millionen Menschen änderte. Im Ergebnis sind heute deutlich mehr Menschen aller Geschlechter entlohnt und unentlohnt im Sorgebereich tätig, was Geschlechterrollen nachhaltig veränderte und die Emanzipation von damals traditioneller Arbeitsteilung beschleunigte. Die heutige zentrale Stellung der Sorgearbeit wirkte sich auch auf globale Sorgeketten aus und machte sie überflüssig, da es schon lange keinen Mangel mehr an Menschen gibt, die in dem Bereich tätig sind. Heute ist unvorstellbar, dass vor allem Frauen aus anderen Ländern ihre Familien und Lieben für viele Jahre verließen und schlecht bezahlt wurden, um Kinder oder ältere Menschen fremder Familien weit weg von zuhause zu versorgen.

Hausarbeit ist auf vielen Schultern verteilt

2020

WAS ES SCHON GIBT

attac
Die AG Arbeit fair teilen setzt sich für die Umverteilung von Arbeit und eine Arbeitszeitverkürzung ein.
▸ **attac.de/was-ist-attac/strukturen/attac-netzwerk**

Netzwerk Care Revolution
Setzt sich für neue Modelle von Sorge-Beziehungen und eine Care-Ökonomie ein.
▸ **care-revolution.org**

Respect Berlin
*Das europaweite Netzwerk engagiert sich für Migrant*innen in der bezahlten Hausarbeit und unterstützt sie, ihre Rechte zu verteidigen.*

Hausarbeit ist heute auf mehr Menschen verteilt. Die 20 Stunden-Woche, die gesellschaftliche Ausrichtung auf Sorgearbeit und die sich auflösenden Geschlechterrollen bewirkten vor allem eine gleichberechtigte Verteilung der Hausarbeit zwischen den Geschlechtern. Letztlich führte auch die Umgestaltung von Wohnraum dazu, dass sich Menschen innerhalb von Häusern und Nachbarschaften Aufgaben wie Einkaufen, Kochen, Waschen, Putzen, Reparaturen, Kinderbegleitung und Sorgearbeit für Ältere und Menschen mit Beeinträchtigungen aufteilen. Wohnungen sind oft flexibel je nach Nutzungsbedarf veränderbar. In den meisten Wohnhäusern oder Wohnblöcken gibt es große Küchen, Werkstätten, Waschküchen, Gemeinschaftsräume und Gärten. Dadurch begegnen sich Nachbar*innen viel häufiger und erleben sich intensiver als Gemeinschaft.

Die Menschen, die miteinander wohnen, fühlen sich verantwortlich füreinander und unterstützen sich in vielen Sorgetätigkeiten. Zum Beispiel bringen sie sich gegenseitig das Essen und Produkte aus dem Lebensmittelpunkt mit, kochen für die Wohngemeinschaft oder halten den Wohnort sauber und instand. ▸11 Wohnen Menschen entscheiden selbst, mit wem sie enger zusammenleben wollen, für wen sie Sorgeverantwortung übernehmen, wie sie sich in die Gemeinschaft einbringen oder auch nicht. Heute sind die Menschen in ihre direkte Nachbarschaft eingebettet und viel weniger isoliert.

WER HAT'S GESAGT

Die Soziologin Frigga Haug hat mit der 4-in-1-Perspektive ein feministisches Modell der Arbeitsorganisation entwickelt, das uns maßgeblich zu diesem Kapitel inspiriert hat. Sie definiert darin vier Tätigkeitsfelder, die individuelles Wohlbefinden und gesellschaftliche Aufgaben umfassen: Erwerbsarbeit, Reproduktionsarbeit, kulturelle Entwicklung und politisches Engagement. Alle vier Bereiche sollten an einem Tag (4-in-1) im Leben jedes Menschen gleichermaßen präsent sein.

Lebensläufe jenseits des Arbeitszwangs

Die vier Tätigkeitsfelder setzen die Menschen selten zeitgleich an einem Tag um. Vielmehr gibt es heute Lebensphasen, in denen ein bis zwei jener Tätigkeiten intensiver nachgegangen wird als anderen. So wechseln sich die Schwerpunkte immer wieder ab. Menschen widmen sich eine Zeit lang ihrer Bildung und gehen in diesem Bereich ihren Interessen nach. Anschließend entscheiden sie sich, mehr Sorgearbeit für jemanden zu übernehmen, schließen eine Phase politischen Engagements an, um später womöglich intensiver einer Erwerbsarbeit nachzugehen und dann nach einiger Zeit der politischen Arbeit wieder mehr Aufmerksamkeit zu geben. Die Abwechslung ist jederzeit frei wählbar, ganz ohne vorgezeichneten Lebenslauf. Umsetzbar ist das, weil alle auch dann umfassend sozial abgesichert sind, wenn sie keiner Erwerbsarbeit nachgehen. ▸4 Soziale Garantien Die Entkoppelung von Erwerbsarbeit und Existenzsicherung war ein Durchbruch der sozial-ökologischen Transformation. Der Arbeitszwang wurde begraben, gesellschaftliche Teilhabe wurde garantiert, egal, welcher Tätigkeit Menschen nachgehen. Auch heute gibt es Menschen, die gar keiner Tätigkeit nachgehen. Das tun sie meistens aber nur für einen kurzen Zeitraum. ▸5 Produktion & Betriebe Die Umgestaltung der Gesellschaft ohne Arbeitszwang, die Schaffung vieler sinnvoller Tätigkeiten mit attraktiven Arbeitsbedingungen und Gestaltungsmöglichkeiten haben dazu geführt, dass Menschen meist tätig sein wollen. Manche sind es vielleicht nicht im Erwerbsbereich, übernehmen dafür aber andere Aufgaben. Heute sind Menschen eher bereit, von sich aus beizutragen, weil es sinnvoll scheint und sie selbstbestimmt entscheiden können.

Gespräch zwischen Robert und Mandy,

während sie die Kellerräume der ehemaligen Sysiphu AG leer räumen.

MANDY: *Robert, ich glaube dieser ganze Papierkram kann einfach weg.*

Arbeit von gestern

ROBERT: *Ich weiß nicht, ich glaube, hier sind wahre Goldstücke darunter, Memos, E-Mails, Berichte. Schau mal hier:* „Daher kommen wir zu der Einschätzung, dass Herr Peters in seiner Rolle als Key-Account-Manager die für ihn geltenden Key Performance Indicators nachhaltig nicht erreichen wird."

M: *Autsch, armer Herr Peters. Diese Sprache von damals, diese Hierarchien! Das fand ich selbst, als ich mitten drin gesteckt habe, schon unerträglich.*

R: *Hier ist noch was:* „Als Talent Relationship Management begreifen wir das Management unserer Beziehung zu potentiellen Mitarbeitern". *Ich finde, da steckt eine Menge drin, vor allem die Vorstellung, dass wir unsere Beziehungen managen müssen.*

M: *Das hier ist auch schlimm:* „Da wir im Moment beim Arbeitsmarkt von einem buyers market ausgehen können, können drohende Kündigungen weniger prioritär behandelt werden."

R: *Was soll das überhaupt heißen?*

M: *Dass es so viele Arbeitslose gibt, dass man sich nicht um seine Mitarbeiter kümmern muss.*

R: *Was soll das eigentlich heißen, arbeitslos? Es gibt doch immer was zu tun.*

M: *Jaja, die Gnade der späten Geburt! Damals zählte nur die Arbeit, für die die Leute Geld bekommen haben. Und das war meistens so wenig, dass sie sehr viel arbeiten mussten.*

R: *Und die „Arbeitslosen" haben sich dann um die Sorgearbeit und die politische Arbeit gekümmert?*

M: *Nein, die mussten alles dafür tun, dass sie irgendwann vielleicht doch wieder eingestellt werden. Dabei wurde ihnen auch immer wieder klar gemacht, wie wertlos sie sind.*

R: *Und wer hat dann diese Arbeiten gemacht?*

M: *Diskriminierte Gruppen wie Frauen oder Menschen, die aus anderen Ländern kamen. Und die politische Arbeit wurde einfach an Eliten ausgelagert, mit entsprechenden Folgen.*

R: *Fast schon wieder elegant, wie schön diabolisch das alles zusammen gespielt hat. Vielleicht sollten wir das alles hier auswerten und ein tragikomisches Theaterstück draus machen!*

Technik

SOLARX
ZIEGEL
RECYCLING
KREISLAUF
MAIL
DOKUMENTE
BEAMER
PAPIERKORB
NEWS ...

7

2048 gibt es

↦ Technik, die an den Bedürfnissen der Menschen ausgerichtet ist
↦ dezentrale und selbstorganisierte Infrastrukturen ↦ gleicher Zugang zu Technik für alle ↦ partizipative, praxisnahe Forschung
↦ ein Mensch-Maschine-Verhältnis, das demokratisch bestimmt wird

2048 gibt es nicht mehr

⇤ Umweltzerstörung durch und für Technik
⇤ profitorientierte Technik und Technikentwicklung

Heute haben wir alle Zugang zu Technik, die unser Leben erleichtert. Die Technik ist unseren Bedürfnissen und Lebensumständen angepasst, verständlich und reparierbar. Um dies weltweit ökologisch tragbar zu gestalten, gibt es andere technische Geräte als 2020. Insgesamt existieren viel weniger Geräte, die in ihrer Herstellung und Nutzung ressourcen- und energieintensiv sind. Dafür sind diese gerecht und weitgehend gleich verteilt.

2048

Verständliche, menschenfreundliche Technik

★ Alle können Technik selbstbestimmt und ohne Angst vor Ausspähung und Manipulation nutzen. Die meisten Geräte sind so konzipiert, dass sie ohne eine lange Ausbildung und ohne Zugang zu speziellen Ressourcen entwickelt und genutzt werden können. Sie können in lokalen Werkstätten von allen, die sich eingearbeitet haben, mitproduziert und repariert werden. Dies gilt sowohl für Konsumgüter als auch Produktionsmittel. Da Lowtech-Lösungen wie Fahrräder oder Solarthermie oft ressourcenschonender, einfacher verständlich und leichter reparierbar sind, werden sie vielfach eingesetzt. Nur in Bereichen, wo dies gesamtgesellschaftlich als notwendig erachtet wird, weichen wir davon ab (Hightech), zum Beispiel in manchen Bereichen der Medizin.

Ein digitales Endgerät für alle

Alle Menschen haben – wenn sie wollen – Zugang zu einem digitalen Endgerät, das modular aufgebaut, multifunktional sowie vielseitig einsetzbar und individuell anpassbar ist. Die Menschen können diese Endgeräte verstehen und eigenständig konfigurieren. Mit diesem Gerät können sie mit anderen Menschen kommunizieren, Texte schreiben, Daten entschlüsseln, Werte berechnen, Fotos machen, Musik hören und vieles mehr. Es steht in unterschiedlichen Formaten und Größen zur Verfügung, ist aber mit Erweiterungen wie Bildschirmen, Arbeitsgeräten und Musikanlagen koppelbar. Weil wir sonstige technische Geräte außerdem mit anderen teilen, fehlen uns diese nicht als persönlicher Gegenstand. ▸11 Wohnen

Privatsphäre statt Datenabschöpfung für Profite

Die massive Erhebung von Daten ohne Einwilligung der Nutzer*innen gehört der Vergangenheit an. Es gibt keine Unternehmen mehr, deren Wirtschaftsmodell die Abschöpfung privater Daten ist. Daten werden für konkrete Anlässe unter Zustimmung der betroffenen Personen sparsam erhoben und – sofern nicht personenbezogen – für alle zugänglich gemacht. Daten können für dezentrale demokratische Planung genutzt werden, insofern die Beteiligten zustimmen. Im Zweifelsfall hat der Schutz der Privatsphäre Vorrang vor Effizienz.

2020

WAS ES SCHON GIBT

Anstiftung

Fördert, vernetzt und erforscht Räume und Netzwerke des Selbermachens wie Offene Werkstätten und Reparatur-Initiativen.

▸ **anstiftung.de**

Chaos Computer Club

Größte europäische Hackervereinigung und seit über dreißig Jahren Vermittler im Spannungsfeld technischer und sozialer Entwicklungen.

▸ **ccc.de**

Forum Informatiker*innen für Frieden und gesellschaftliche Verantwortung

Setzt sich seit 1984 für Informationstechnik im Dienst einer lebenswerten Welt ein.

▸ **fiff.de**

Free Software Foundation

Unterstützt Menschen im selbstbestimmten Umgang mit Technik.

▸ **fsfe.org**

Open Knowledge Foundation

Setzt sich mittels Technologien, Instrumenten und Veranstaltungen für offenes Wissen und demokratische Teilhabe ein.

▸ **okfn.de**

Open Source Ecology

Baut quelloffene Hardware im Rahmen einer Open Source Ökonomie, zur Optiminierung von Produktion und Verteilung bei Regeneration der Umwelt und Förderung sozialer Gerechtigkeit.

▸ **opensourceecology.de**

Powershift

Setzt sich für eine ökologisch und sozial gerechte Weltwirtschaft ein und beleuchtet dabei auch die Rohstoffpolitik.

▸ **power-shift.de**

Technikentwicklung entlang menschlicher Bedürfnisse

★ Über das Verhältnis von Mensch und Maschinen bestimmen auch 2048 nur Menschen, und zwar demokratisch. Es gibt keine unnötige, nur dem Profit dienende Technikentwicklung und Digitalisierung mehr. Eine effektive Mechanisierung und Nutzung digitaler Dienste macht schwere körperliche Arbeit leichter, unterstützt Menschen in lebensnotwendigen Tätigkeiten und erhöht die Qualität von Produkten. Das heißt, nicht was wir tun, wird den Maschinen angepasst, sondern die Maschinen dem, was wir brauchen. Technik wird mithilfe partizipativer, praxisnaher Forschung gemeinsam mit denen entwickelt, die sie nutzen. Produktionsverfahren sind für alle transparent. Soft- und Hardware sind Open Source und damit anhand offener Standards von Nutzer*innen weiterentwickelbar. Ermöglicht wird dies durch dezentrale und selbstorganisierte Infrastrukturen. Es gibt keine proprietäre Software mehr, Patente sind abgeschafft.

Recycling und Kreislaufwirtschaft

★ Die Rohstoffe, die für die Technikherstellung notwendig sind, werden fast ausschließlich aus bestehenden Geräten wiederverwertet. Nur sehr wenige Rohstoffe werden nachhaltig, unter menschenwürdigen Bedingungen und in Übereinstimmung mit der lokalen Bevölkerung abgebaut und global gerecht verteilt. ▸1 Globale Gerechtigkeit Sie sind Teil einer Kreislaufwirtschaft; es gibt keinen Elektroschrott mehr. Die Geräte sind sehr viel länger haltbar und können nach ihrem Lebensende sortenrein recycelt werden.

Technik News Feed

14.2.2042

Verbesserter Waschzyklus

Das Informatik-Kollektiv Queer-Tech hat ein Software-Update für alle Standard-Waschmaschinen ab Version 3.4 entwickelt. Das Update kann auf jedem lokalen Gemeinschaftsserver heruntergeladen werden. Es reduziert den Energieverbrauch bei normalen Waschgängen um 8% ohne Abstriche bei der Sauberkeit.

Freetext-Format setzt sich durch

*Der europäische IT-Rat hat beschlossen, dass zukünftig der offene Standard „Open Spreadsheet" (RFC 13548) von aller anerkannten Office-Software unterstützt werden soll. Dieser Standard vereinfacht die Entwicklung eines offenen Software-Ökosystems und wird Nutzer*innen ermächtigen, in der Weiterentwicklung von Software am Arbeitsplatz mitzuwirken.*

Übersetzung sorbisch verfügbar

Die Dolmetschgruppe Babylon hat sorbische Übersetzungen für die Anleitungen aller Standardgeräte veröffentlicht. Die Anleitungen finden sich auf jedem lokalen Gemeinschaftsserver.

Schnellere Prozessoren nachhaltig produzierbar

Die städtische Werkstatt von Brno (Tschechien) hat ein Verfahren vorgestellt, mit dem schnellere Prozessoren umweltschonend und mit geringem Ressourcenverbrauch hergestellt werden können. Damit steht der Weg für ein weiteres Prozessorenupdate wieder offen. Der globale IT-Rat hatte auf Druck von Umwelt- und Sozialverbänden die Produktion der neuesten Prozessorengeneration wegen nachteiliger Umweltbilanz verboten. Allerdings nutzt das Verfahren Yttrium, eine seltene Erde: Der IT-Rat hat daher Gespräche mit dem Recycling-Rat begonnen. Es soll geklärt werden, welche Quantitäten nachhaltig produzierbar sind.

WARUM SEHEN WIR ES ANDERS ALS DER MAINSTREAM – SIND WIR ZU TECHNIKSKEPTISCH

Wo Technik nötig ist und wo nicht, wie diese eingesetzt wird und wer darüber entscheiden kann, ist 2020 eine zentrale gesellschaftliche Kontroverse – besonders in Bezug auf die laufende Digitalisierung. Unsere Vision hier ist aus zwei Gründen skeptisch, dass Digitalisierung automatisch zu Verbesserungen führt. Erstens ist Technik nie neutral, sondern immer Ausdruck von Herrschaftsverhältnissen. Wollen wir Technik demokratisch gestalten, müssen wir sie vereinfachen, damit mehr Menschen sie herstellen, verstehen und kontrollieren können. Zweitens führt Digitalisierung nicht automatisch durch mehr Effizienz zu einer nachhaltigen Wirtschaft. Denn Effizienzsteigerungen ohne gesellschaftlichen Wandel werden oftmals durch mehr und größere Geräte ausgehebelt (Rebound-Effekt). Zudem wird hier der enorme Ressourcenverbrauch digitaler Systeme übersehen. Wenn wir Technik nachhaltig gestalten wollen, anstatt von ihr beherrscht zu werden, geht es daher nicht um eine Digitalisierung vorhandener, sondern um die Entwicklung ganz anderer Technik. Und wir müssen durch demokratische Entscheidungen diese Technik in den Dienst von Menschen stellen, sodass sie Leben und Arbeit wirklich verbessert.

Gesundheit & Teilhabe

8

2048 gibt es

↦ gleichwertige medizinische Versorgung für alle ↦ Barrierefreiheit
↦ selbstverwaltete Gesundheitshäuser ↦ volle und gleichberechtigte gesellschaftliche Teilhabe für Menschen mit Beeinträchtigungen
↦ gleichberechtigte Verteilung der Hausarbeit

2048 gibt es nicht mehr

⇤ Krankenhäuser, die sich „rechnen" müssen
⇤ einen schlecht bezahlten Pflegesektor ⇤ Doppelbelastung von Frauen
⇤ Armut im Fall von körperlicher, psychischer oder kognitiver Beeinträchtigungen

Heute haben wir alle einen gleichberechtigten Zugang zu einer ganzheitlichen medizinischen Versorgung. Menschen mit Beeinträchtigungen können ihr Leben selbstbestimmt gestalten und erhalten alles, was sie dafür brauchen. Menschen, die im Sorgebereich tätig sind, haben Zeit für ihre Arbeit und sind zufrieden mit den Arbeitsbedingungen, die sie selbst gestalten.

2048

Der Gesundheitssektor

Heute sind Gesundheitshäuser – früher „Krankenhaus" genannt – ein öffentlicher Raum. Das Gebäude ist hell und strahlt eine beruhigende Stimmung aus. Überall sind unterschiedliche Sprachen zu hören, das Gesundheitshaus ist neben der Gesundheitsversorgung ein Ort der Bildung; Informationsveranstaltungen zum Körper und über Gesundheit werden angeboten. Es ist ein Ort sportlicher Betätigung und Anlaufstelle für Sozial- und Rechtsberatung. Alle Menschen – unabhängig von ihren finanziellen Ressourcen und Herkunft – erhalten eine gleichwertige medizinische Versorgung. Die medizinische Versorgung ist Teil der sozialen Garantien und steht allen Menschen kostenfrei zur Verfügung. ▸4 Soziale Garantien

Kleinere Gesundheitshäuser gibt es in jedem Stadtteil und in den größeren Dörfern. Die Mitarbeitenden sind mit dem Viertel oder dem Dorf und seinen Besonderheiten vertraut. Sie wissen, was die Menschen beschäftigt, was gesundheitlich förderlich ist und was sie krank macht. Patient*innen werden ganzheitlich betrachtet und Krankheiten wird präventiv entgegengewirkt. Dadurch haben sich die Kosten im Gesundheitssektor drastisch reduziert. Wenn Menschen krank sind, wird gemeinsam mit ihnen über die ärztliche Behandlung gesprochen. Dabei werden, wenn sie das wollen, die ihnen nahe stehenden Personen mit einbezogen. Diesen stehen auch Räume zur Verfügung, wodurch sie die gesamte Zeit des Aufenthalts mit dem*der Patient*in gemeinsam dort verbringen können. ⟶

Wie fast alle Organisationen 2048 ist auch das Gesundheitshaus selbstverwaltet. Die Mitarbeitenden des Gesundheitshauses bestimmen selbst ihre Arbeitszeit und Arbeitsplatzgestaltung. Somit arbeiten alle Berufsgruppen im Gesundheitshaus eng zusammen: Sozialarbeiter*innen, Sprachmittler*innen, Reinigungs- und Pflegekräfte, Psycholog*innen, Physiotherapeut*innen, Ärzt*innen. Sie wertschätzen sich als Teams, die gemeinsam zur gesellschaftlichen Gesundheit und dem Wohlbefinden von Menschen beitragen. Das hat dazu geführt, dass sich die meisten Gesundheitshäuser für eine Lohnangleichung zwischen den Mitarbeitenden entschieden haben.

Heute sind Menschen viel gesünder als früher. Sogenannte Zivilisationskrankheiten sind deutlich zurückgegangen, weil das Leben insgesamt ausgeglichener gestaltet ist und es weniger Umweltgifte gibt. Auch Ängste vor sozialem Abstieg, Frustration, Burnouts und Stress sind viel weniger geworden.

Selbstbestimmtes Leben für alle Menschen

Heute werden Menschen nicht mehr aufgrund von körperlichen, psychischen oder kognitiven Beeinträchtigungen behindert. Sie können ihr Leben selbstbestimmt gestalten. Alle Menschen haben, was sie brauchen, um ihren Wünschen entsprechend bestmöglich am gesellschaftlichen Leben teilzunehmen. Dazu gehört, dass sie bei Bedarf von einer Assistenz unterstützt werden, die sie sich selbst aussuchen können (wie auch die assistierende Person wählen kann, wen sie unterstützen möchte).

2020

WAS ES SCHON GIBT

AK moB

Der Arbeitskreis hinterfragt die Einteilung in „behindert/nicht behindert“ und macht dazu Workshops, Aktionen und veröffentlicht Texte.

‣ **ak-mob.org**

Medibüro / Medinetz

*Medibüros gibt es bundesweit in zahlreichen Städten. Sie setzen sich für die Gesundheitsversorgung von Migrant*innen ein, bieten medizinische Sprechstunden an, führen anonyme Behandlungen durch und unterstützen im Kontakt mit Beratungsstellen.*

‣ **medibuero.de**

Poliklinik Veddel

*In dem Stadtteil-Gesundheitszentrum in Hamburg wird medizinische Versorgung gewährleistet. Dabei werden auch die gesellschaftlichen Bedingungen von Gesundheit (Einkommen, Armut, Rassismus) betrachtet und kollektive Lösungsstrategien mit den Besucher*innen erarbeitet.*

‣ **poliklinik1.org**

⟶ Assistenz wird ganzheitlich verstanden und umfasst alle Lebensbereiche, einschließlich dessen, was früher als Langzeitpflege und Altenpflege bezeichnet wurde. Die meisten Menschen, die im Alltag Hilfe bekommen, werden teilweise von ihrer Assistenz und teilweise von ihnen nahestehenden Menschen unterstützt. Ermöglicht wird dies durch die sozialen Garantien, die den Assistenzgebenden einen guten Lohn zahlen und die Assistenznehmenden absichern. Die Tätigkeit der Assistenzgebenden ist hoch angesehen. Die Wochenerwerbsarbeitszeit von 20 Stunden hat die Belastung für die Plegegebenden deutlich gesenkt. Die Assistenzzeiten sind so bemessen, dass Zeit für einen achtsamen Umgang und Gespräche ist. Supervisionen und Schulungen sind fester Bestandteil des Tätigkeitsfeldes. Seitdem hat sich das Wohlbefinden der Assistenzgebenden und Assistenznehmenden stark verbessert.

Auf Unterstützung und Assistenz angewiesen zu sein, geht heute nicht mehr mit finanzieller Not einher. Spezialisierte Beratungsangebote und Unterstützungsmöglichkeiten sind in Stadtvierteln und ländlichen Kommunen fest verankert und gut ausgestattet. Ziel ist die bestmögliche Versorgung der Menschen.

2048 gehört es dazu, dass Menschen mit Beeinträchtigungen soweit wie möglich ermächtigt werden, am gesellschaftlichen, ökonomischen und politischen Leben teilzuhaben und Tätigkeiten nachzugehen, die ihnen wichtig sind. Der große Autonomiegewinn, den viele Menschen erhalten haben, ist auch durch eine städtebauliche Neuausrichtung möglich. Straßen, Wohnhäuser, Busse, Züge, viele Erholungsgebiete, schlicht die gesamte Infrastruktur, wurde barrierefrei umgestaltet. Menschen mit Beeinträchtigungen werden in den Prozess zur Entwicklung technischer Geräte einbezogen, damit diese auf den Bedarf ausgerichtet sind und sie ihren Alltag autonomer gestalten lassen. All diese Veränderungen haben auch dazu geführt, dass es keinen Bedarf mehr an Heimen gibt. Die Wohnungswahl erfolgt individuell und Menschen entscheiden selbst, ob sie in Wohngruppen, gemischten WGs oder in der eigenen Wohnung leben möchten. In den Städten und im ländlichen Raum haben sich viele Projekte angesiedelt, in denen Menschen mit Einschränkungen gut versorgt werden, Teil des öffentlichen Lebens sind und ruhiger und gemeinsam leben können.

Bewegungs-freiheit

9

2048 gibt es

↦ Bewegungsfreiheit ↦ Willkommenszentren ↦ Babelfische
↦ Zugang zu und Teilhabe an gesellschaftlichen Ressourcen für alle

2048 gibt es nicht mehr

⇤ Grenzkontrollen ⇤ Abschiebungen ⇤ Ausländerbehörden
⇤ Rassismus und andere Formen der Ausgrenzung

Zirkuläre Migration & Willkommenszentren

Heute haben wir alle, unabhängig davon, wo wir geboren wurden, das Recht und die konkrete Möglichkeit, uns frei zu bewegen. Visavorschriften sind für alle gleich. Alle Pässe sind gleich viel wert, wir können alle ohne restriktive Kontrollen reisen. Weltweit setzen sich viele Menschen sogar dafür ein, Pässe und Visa komplett abzuschaffen. Schon seit den 2020ern wird niemand mehr abgeschoben. Die Zeiten, in denen Menschen wegen der Grenze im Mittelmeer gestorben sind, gelten als Mahnmal und Verbrechen der Vergangenheit.

2048

Früher waren geschlossene Grenzen und ungleiche Einkommen eine zentrale Ursache für Migrationsbewegungen in eine Richtung – dies hat sich mit guten Lebenschancen für alle Menschen und der Bewegungsfreiheit für alle grundlegend geändert. Heute gehen Menschen für einige Zeit in andere Regionen, einige bleiben, andere ziehen weiter oder kommen zurück. Zirkuläre Migration ist heute wieder normal, so wie sie auch historisch vor dem Kolonialismus und den Nationalstaaten in vielen Gegenden üblich war. Der Austausch zwischen Regionen und Städten auf der ganzen Welt ist damit gestiegen.

In jeder größeren Nachbarschaft gibt es Willkommenszentren. Das sind transformierte Bürger*innenämter mit Gemeinschafts-Cafés, in denen sich alle treffen können. Sie sind öffentliche Institutionen, die Mobilität nicht sanktionieren, sondern Menschen das Ankommen an neuen Orten erleichtern. Willkommenszentren sind der erste Anlaufpunkt für Menschen, die neu in einer Gegend sind. Orte, wo Menschen sich begegnen und voneinander lernen können, an denen zum Beispiel Gastfamilien und Gastnachbarschaften vermittelt werden können, und wo es erste Übernachtungsmöglichkeiten gibt. Dort können auch Babelfische ausgeliehen werden – Kopfhörer, die computergesteuert beim Dolmetschen helfen und so Kommunikation in allen Sprachen ermöglichen.

Alles, was für ein gutes Leben notwendig ist – wie Wohnraum, Bildung und Gesundheitsversorgung – ist nicht an eine Staatsbürger*innenschaft geknüpft, sondern wird für alle bereitgestellt, die sich an einem Ort niederlassen. Segregation gibt es nicht: Alle Wohneinheiten und Nachbarschaften sind für alle offen, Wirtschaft und Arbeit werden von allen gestaltet. Die Anerkennung von Diversität und Differenz ist dabei die grundlegende Basis des Zusammenlebens.

Migration ist die Mutter aller Gesellschaften

Geschichte und Geschichten werden von allen gleichermaßen erzählt und gestaltet. In allen öffentlichen Institutionen wie auch im sozialen Bereich haben Menschen sich einen selbstverständlichen Umgang mit Verschiedenheit angeeignet, kennen und wertschätzen verschiedene Sprachen, Feste, Rituale oder Kleidungsstile. Die Vielfalt der Perspektiven wird dabei als Bereicherung erlebt. Medien berichten nicht mehr effekthascherisch über Katastrophen, sondern betreiben auch einen konstruktiven Journalismus, der die positiven und wertvollen Seiten von Migration zeigt.

BRAUCHEN WIR GRENZEN

In Diskussionen um Migration wird oft argumentiert, Grenzen seien natürlich, gerecht und notwendig. Gesellschaften, so die Annahme, müssen kontrollieren, wer ihr Staatsgebiet betritt und verlässt. Hinter dieser Argumentation liegen viele Verlustängste – Verlust von Arbeitsplätzen, Wohlstand oder der eigenen Traditionen und Lebensweise.

Tatsächlich aber sind Grenzen weder natürlich, gerecht noch notwendig. Migration und Austausch zwischen verschiedenen Gruppen gibt es schon, seit es Menschen gibt. Grenzen zwischen Staaten haben eine vergleichsweise kurze Geschichte. Sie wurden nicht zuletzt eingeführt, um die Interessen von bestimmten privilegierten Gruppen gegen vermeintlich „andere" zu verteidigen.

Was ist das Problem an Grenzen? Sie sind eines der wichtigsten Instrumente, um Ungleichheit aufrecht zu erhalten: Von allen Faktoren, die bestimmen, welche Chancen ein Mensch im Leben hat, ist es am entscheidendsten, welchen Pass diese Person besitzt. Grenzen trennen die Menschen, die in Weltgegenden leben, in denen sich die Vorteile des Kapitalismus häufen, von denen, auf deren Kosten diese Vorteile angehäuft wurden und werden. Bewegungsfreiheit für alle ist daher eine grundlegende Voraussetzung für globale Gerechtigkeit.

Außerdem sind Grenzen für Menschen nicht notwendig – Bewegungsfreiheit ist keine Gefahr. Weder ist es realistisch anzunehmen, dass Millionen von Menschen bei offenen Grenzen und viel größerer materieller Gleichheit zwischen Regionen weltweit massenhaft in bestimmte Regionen einwandern, noch ist es ein Problem. Hinter der Angst vor vermeintlicher „Überfremdung" steht mehr rassistische Stimmungsmache als die begründete Sorge um die eigene Identität – sie wird gezielt genutzt, um die Einwanderung bestimmter Menschen zu verhindern. Migration ist keine Gefahr – sie ist eine Bereicherung für jede Gesellschaft.

2020

WAS ES SCHON GIBT

Afrique-Europe-Interact
Menschen aus Afrika und Europa kooperieren in einem Netzwerk und verbinden dabei den Kampf für Bewegungsfreiheit (das Recht zu gehen) mit dem Kampf für selbstbestimmte Entwicklung (das Recht zu bleiben).

▸ **afrique-europe-interact.net**

Solidarische Städte
Organisieren die kommunale Versorgung unabhängig von Staatsangehörigkeit.

(Post-)migrantische Selbstorganisationen
Setzten sich überall gegen Rassismus, Ausgrenzung und für eine offene, postmigrantische Gesellschaft ein. Zum Beispiel:

▸ **bv-nemo.de**
▸ **damigra.de**
▸ **neuedeutsche.org**

Movement for Black Lives Matter
Kämpft gegen Rassimus und erarbeitet „Vision for Black Lives", eine umfassende und visionäre politische Plattform mit Forderungen und konkreten Maßnahmen.

▸ **m4bl.org**

Center for Intersectional Justice
Arbeitet gegen sich überlappende Formen struktureller Ungleichheit und Diskriminierung und setzt sich für eine intersektionale Gerechtigkeitsperspektive ein.

▸ **intersectionaljustice.org**

Ausschnitt aus einem Artikel von Andry Rakotomalala

erschienen in den Mahajanga News vom 28.04.2048, übersetzt ins Deutsche von Babelfisch (Version 11.04):

Ich weiß noch genau, was die Frau im Willkommenszentrum in Cottbus zu mir gesagt hat:

»Lieber Herr Rakotomalala,
Sie kommen von einem der schönsten Orte auf Erden,
ich weiß wirklich nicht, was die Lausitz Ihnen zu bieten hat.«

Ich habe ihr erzählt von meinem Interesse an Industriekultur und der Transformation der Braunkohleregionen.

»Sie leben auch an einem wunderschönen Ort«

habe ich ihr gesagt. Daraufhin lachte sie und meinte, dass ich eigentlich ein Visum bräuchte, aber dass sie das auch anfordern und ich so lange einfach schon mal einreisen könne. Vielleicht hätte sich die Visumspflicht sowieso bald erledigt, so richtig wisse niemand mehr, was das soll. Sie hat mich dann begleitet von Cottbus nach Welzow, dort zur Wohnungsübergabe und schließlich zum Lebensmittelpunkt.

Nachdem ich dort meine erste Soljanka gegessen hatte, sagte sie, dass sie mir noch was zeigen wolle. Mit dem Fahrrad fuhren wir zum Sedlitzer See. Als wir dort saßen, wurde mir klar, dass ich vielleicht nicht für immer hier bleiben werde, aber vielleicht doch länger als das geplante halbe Jahr. Es ist schön, jetzt nach 15 Jahren wieder in meiner alten Heimat zu sein, aber ich vermisse auch die Menschen der Lausitz.

Aus einem Reisebericht

Ernährung & Landwirtschaft

10

2048 gibt es

↦ gutes Essen für alle ↦ lokale Wertschöpfung ↦ Kreislaufwirtschaft ↦ eine Vielfalt an Produktionsbetrieben – mehrheitlich Höfe & Handwerk

2048 gibt es nicht mehr

⇤ Hunger ⇤ Lebensmittelspekulation ⇤ Dumpinglöhne ⇤ Privateigentum am Boden ⇤ industrielle Landwirtschaft

Heute können wir alle gut und gesund essen. Alle Lebensmittel werden nachhaltig produziert und weitgehend lokal verarbeitet und verteilt. Wir wirtschaften in ökologischen Kreisläufen. Das Essen ist vielfältig und kulturell selbstbestimmt. Eine radikale Umverteilung von Boden und Kapital hat zu einem neuen Prinzip der Allmende geführt. Wir wissen, dass wir von und mit dem Land leben, und haben ein Gefühl von Verbundenheit mit unserer lebendigen Mitwelt. Landwirtschaftliche Arbeit mit all ihren Anforderungen gilt als essentiell, wertvoll und schön.

2048

Gutes Essen für alle

Die Effizienzlogik beim Essen ist überwunden: Frische Lebensmittel sowie Grundnahrungsmittel sind offen zugänglich, und alle nehmen sich Zeit fürs Essen. Lokale und oftmals von den Nutzenden selbst organisierte Versorgungsmöglichkeiten erleichtern diese Zugänge, z.B. durch Gemeinschaftsküchen in Häusern, die Lebensmittelpunkte in Quartieren ▸11 Wohnen und kollektive Versorgung in Häusern des Lernens ▸14 Bildung und Betrieben. ▸5 Betriebe Alle Lebensmittel werden weiterverteilt und verwertet, nichts wird einfach weggeworfen. Der Proteinbedarf wird vor allem durch pflanzliches Eiweiß gedeckt. Der Konsum von Fleisch und Milchprodukten ist wesentlich gesunken, und die verbleibende Tierhaltung wird umwelt- und tierwohlorientiert – also extensiv statt intensiv – betrieben. Alle Teile von Tieren werden verwendet („nose to tail"), nichts wird verschwendet. Städte und Dörfer sind essbare Orte, denn überall werden Lebensmittel angebaut und geerntet. Wir haben verstanden, dass Essen und die Herstellung von Lebensmitteln unser Leben bereichern; wir wertschätzen und feiern das.

Vielfältige Betriebsformen

Heute gilt das Prinzip allseitiger Fürsorge und eine Vielfalt landwirtschaftlicher Betriebsformen. Der Schwerpunkt liegt auf kleinen Strukturen wie Höfen und Handwerk. Kleinbäuerliche Strukturen sind divers – neben klassischen Familienbetrieben finden wir eine Vielzahl von Wahlfamilien, Kollektiven und Genossenschaften, die landwirtschaftlich tätig sind.

Landwirtschaft ist agrarökologisch, das heißt ökologisch langfristig, und zumeist kleinbäuerlich ausgerichtet. Fossile oder chemische Dünger und Pestizide, die ökologische Kreisläufe zerstören, werden nicht mehr eingesetzt. Um die komplette Nahrung ökologisch herzustellen, müssen zwar viel mehr Menschen in der Landwirtschaft arbeiten als Anfang des 21. Jahrhunderts, diese haben dafür aber gute Arbeitsbedingungen, mehr Zeit für ihre Tätigkeiten und mehr Kontakt zu ihren Abnehmer*innen.

Die Produzent*innen organisieren sich weitgehend selbst. Kleinteilige Strukturen wie gemeinschaftliche Hofläden und Verteilorte, Wochenmärkte und lokale Verarbeitungsketten ermöglichen regionale Versorgungsstrukturen. Genossenschaftsläden in Hand der Mitarbeiter*innen und Konsument*innen mit regionalen Produkten haben profitorientierte Supermärkte ersetzt. Die Lebensmittelpunkte ▸11 Wohnen entscheiden selbst, mit welchen Produzent*innen sie für ihre Versorgung kooperieren. Eine radikale Umverteilung von Boden und Kapital, beschlossen vom globalen Ernährungsrat, hat zu einem neuen Prinzip der Allmende geführt: Das Privateigentum an Boden ist abgeschafft. Dafür wurden in fast allen regionalen Räten ▸2 Demokratie Nutzungsregeln beschlossen, die auf einen langfristigen Erhalt der Bodenfruchtbarkeit ausgerichtet sind. Auch landwirtschaftliche Produktionsmittel sind meist lokal vergesellschaftet und global vernetzt; sie werden gemeinschaftlich hergestellt, genutzt, repariert und weiterentwickelt. ▸6 Technik Lokale Saatgutzentren sind für alle zugänglich und in Netzwerken miteinander verbunden. Die für die Produktion nötigen Rohstoffe werden regional hergestellt. Insgesamt haben alle die Möglichkeit, Land zu bewirtschaften.

Kreislaufwirtschaft und Bodenerhalt

Jedes Zwischenprodukt und jeder einstige Abfall wird als Ressource verstanden, womit eine echte Kreislaufwirtschaft ermöglicht wird. Das heißt, auch menschliche Fäkalien dürfen mit entsprechenden Sicherheitsauflagen kompostiert werden – die Mischkanalisation gehört der Vergangenheit an. Damit werden Nährstoffkreisläufe geschlossen und Produktstandards garantiert, sodass Kompost sicher und nährstoffreich ist.

Der Wert des Bodens ist anerkannt: Der Erhalt und die Verbesserung seiner Fruchtbarkeit werden großgeschrieben. Die Felder sind kleiner und fast nie unbedeckt, wodurch Bodenerosion deutlich sinkt. Der Aufbau von Humus leistet einen wichtigen Beitrag für eine ertragreiche agrarökologische Landwirtschaft und für die Bindung von Treibhausgasen. Die Artenvielfalt zu bewahren und zu fördern ist zentral für jede landwirtschaftliche Tätigkeit. Das bedeutet unter anderem keine Pestizide und Herbizide mehr, dafür viele Bäume, Hecken und Nischen für Insekten und Wildtiere sowie die Zucht alter und samenfester Sorten, die Bäuer*innen selbst vermehren können. Konzepte wie Agroforstwirtschaft, Permakultur und Terra Preta sind weiterentwickelt worden und finden Anwendung.

Spezialisierte aber relokalisierte Verteilung

Im Bereich der Verteilung und des Vertriebs existiert weiterhin eine große Arbeitsteilung und Spezialisierung mit viel Knowhow. Gleichzeitig reisen Produkte zwischen Acker und Teller nicht mehr um den Globus, sondern werden weitgehend lokal verarbeitet und verteilt.

Ein großer Teil der Lebensmittel wird direkt von Produzent*innen für angebundene Nachbarschaften produziert, ohne dass dafür Geld fließt. Überall gibt es kleine Bäckereien, Metzgereien, Mühlen, Molkereien und ähnliches. Das gut ausgewählte Sortiment in den genossenschaftlichen Läden ist qualitativ hochwertig und kommt möglichst aus einem Radius von 200 Kilometern. Der Handel mit Produkten aus dem Globalen Süden wie Kaffee, Tee und Südfrüchten ist soweit beschränkt, dass Ernährungssouveränität an den Anbauorten gewährleistet ist und erfolgt nur unter fairen Handelsbeziehungen. Kinder und Jugendliche lernen früh, mit Lebensmitteln zu arbeiten und erlangen damit einen selbstverständlichen Bezug dazu. Dadurch steigt auch ihr Interesse, in diesem Bereich tätig zu werden.

Wochenbrief Lebensmittelpunkt Goddelshausen

24. KW 2049

Liebe Goddelshausener*innen,
unten findet ihr wie immer die dieswöchigen Gerichte unseres Lebensmittelpunkts. Dazu noch ein paar Hinweise:
Am Montag übernimmt der Ort des Lernens auf der Geisenheimer Landstraße unsere Verpflegung. Die Nahrungsmittel dafür stammen aus dem Lerngarten. Freut Euch auf Frühlingskartoffeln, Blattspinat, Auberginen und Zucchini.

Apropos Frühlingskartoffeln:
Wie ihr auf den Feldern gesehen habt, die Erntesaison beginnt. Das Kollektiv Vanillepudding und Familie Hauzel freuen sich über Unterstützung. Die Listen zum Eintragen für die Ernteeinsätze liegen am Lebensmittelpunkt aus.

In zwei Wochen erwarten wir die erste Lieferung unserer ***Partnerkommune Agrigento****. Dann gibt es Olivenöl, Avocados, Maracujas und Limetten!*

Die Hummuskolonne *ist derzeit leicht unterbesetzt und würde sich freuen über ein bis zwei Freiwillige bis November.*

Gerichte, die Montag im Lebensmittelpunkt gekocht werden:

MITTAG
- Frühlingskartoffeln mit Blattspinat an frischem Gemüse, mit Quark (auch vegan)
- Gemüse-Seitan-Auflauf
- veganer Schokopudding

ABEND
- Gnocchi mit Tomaten-Minz-Soße
- Graupeneintopf mit frischem Brot
- Apfelmus mit Vanillesoße

Für die Lebensmittel-Abholung zum Selberkochen ist der Lebensmittelpunkt wie immer von 8 bis 19 Uhr geöffnet.

Guten Appetit!

2020

WAS ES SCHON GIBT

Aktionsgemeinschaft bäuerliche Landwirtschaft (AbL)
Kämpft für eine kleinbäuerliche biologische Landwirtschaft.
▸ **abl-ev.de**

Netzwerk Solidarische Landwirtschaft
Setzt sich für die Verbreitung dieser Form von Landwirtschaft ein.
▸ **solidarische-landwirtschaft.org**

Nyéléni Netzwerk für Ernährungssouveränität
Weltweites Netzwerk für Ernährungssouveränität, aufbauend auf der Nyéléni-Erklärung von 2007.
▸ **nyeleni.de**

schwarzwurzel
Der kollektiv geführte Mitgliedsbioladen in Leipzig Lindenau ist ein Beispiel, wie gemeinschaftliche Läden aussehen können.
▸ **schwarzwurzel.org**

Slow Food Youth Netzwerk
Weltweites Netzwerk von jungen Menschen für gute, saubere und faire Lebensmittel.
▸ **slowfoodyouth.de**

Animal Rights Watch
Organisation, die sich für die Abschaffung jeglicher Ausbeutung und Unterdrückung von Tieren einsetzt und biovegane Konzepte entwickelt.
▸ **ariwa.org/biovegan**

WARUM IST DIE ZUKUNFT NICHT VEGAN

*2020 wurde an vielen Orten darüber gestritten, ob die Zukunft der Ernährung vegan, also frei von tierischen Produkten, ist oder nicht. Fridays for Future und führende Wissenschaftler*innen sprachen sich dafür aus, denn eine bio-vegane kleinbäuerliche Landwirtschaft wäre klimaschonend und gesund. Doch für den Großteil der Bevölkerung gehörte Fleisch 2020 noch zum Alltag. In unserer Zukunftswerkstatt zu Ernährung haben wir deutlich formuliert, dass es ein Ende der Massentierhaltung geben muss und Fleischproduktion – wenn überhaupt – nur noch mit Tierwohl möglich sein darf. Ob Tiere und Fleisch zum essen Teil einer nachhaltigen Landwirtschaft sind, war aber kontrovers. Von allen Seiten gibt es viele Argumente, wir greifen hier nur einige davon auf.*

Ein Hauptargument für einen Ernährungskreislauf mit Tieren ist, dass dadurch Grasflächen auch für die menschliche Ernährung zugänglich sind. Eine nachhaltige Nutzung von Grünland trägt zum Erhalt biologischer Vielfalt bei und kühlt gleichzeitig den Planeten. Gras bedeckt weltweit rund 40% der bewachsenen Landoberfläche und speichert im Boden darunter fast 50 % mehr Kohlenstoff als Waldböden. Grasenden Wiederkäuern gelingt es, aus dem für Menschen unverdaulichen Gras wertvolle Fette und Proteine aufzubauen und gleichzeitig Mist zu produzieren, der als Dünger am Feld die Erträge sichert.

Das Problem ist: Die industrielle Landwirtschaft hat sich weit von diesem System entfernt. Mit hohem Aufwand an fossiler Energie wird synthetischer Dünger hergestellt, auf Ackerflächen ausgebracht und Getreide, Mais und Soja dann für die Fütterung eingesetzt. Dieses System ist mit hohem Tierleid und Umweltzerstörung verbunden.

Daher ist wie oben betont klar: Eine Umorientierung in der Landwirtschaft und beim Fleischkonsum ist dringend nötig, da eine auf natürlichen Kreisläufen basierende agrarökologische Landwirtschaft eine wesentlich geringere Menge an Milch und Fleisch herstellen kann. Es müssen neue Methoden mit viehlosem Acker- und Gartenbau entwickelt werden. Aus einer globalen Perspektive sind Tiere jedoch ein wesentlicher Bestandteil eines nachhaltigen und ökologischen landwirtschaftlichen Kreislaufs. Wir versuchen daher, die grundsätzliche Umorientierung zu betonen, ohne jedoch nur auf Veganismus zu setzen.

Wohnen

11

2048 gibt es

↦ Wohnen als Grundrecht ↦ Zugang zu gutem Wohnraum für alle
↦ lebendige Nachbarschaften auf dem Land und in der Stadt

2048 gibt es nicht mehr

⇤ Wohnungslosigkeit ⇤ Profite durch Wohneigentum
⇤ triste Wohnblöcke ⇤ anonyme Nachbarschaften
⇤ Quartiere und Dörfer ohne Zugang zu Dingen des täglichen Bedarfs

Heute leben wir alle in lebendigen Nachbarschaften, deren Zentren sogenannte Lebensmittelpunkte sind. Wir wohnen in verschiedenen selbstgewählten Formen und können diese auch wechseln. Wohnraum ist in kommunaler, genossenschaftlicher oder gemeinschaftlicher Hand. Klimagerechtes Wohnen ist möglich und die neue Normalität. Das Leben auf dem Land ist genauso attraktiv wie städtisches Wohnen.

2048

Vielfältige Wohnformen

Jede*r kann sich die eigene Wohnform aussuchen. Wohnen ist multifunktional und kann mit Tätigkeiten in unterschiedlichen Bereichen kombiniert werden. Menschen wohnen in verschiedenen Formen – als (Wahl-)Familie, Paare, in Wohngemeinschaften und in Mischungen aus eigenem Raum und Gemeinschaft. Umzüge sind ohne Probleme möglich, wenn mit einer neuen Lebensphase neue Wohnbedarfe auftreten – somit können Menschen auch bis ins hohe Alter selbstbestimmt leben. Alle Wohnformen sind legal – auch angeeignete leerstehende Häuser, Bauwägen, Zelte oder umgebaute Lastwägen.

Wohnraum ist in kommunaler, genossenschaftlicher oder gemeinschaftlicher Hand. Mit Wohnen wird kein Profit mehr gemacht. Auch Boden ist kein Privateigentum mehr, er wird als Gemeingut von der Kommune verwaltet.

Lebens-mittelpunkte

Wohnraum ist relativ gleich verteilt: Es gibt genügend Wohnraum und mehr Freiräume für alle, dafür aber weniger individuellen Wohnraum als noch 2020 – da waren es in Deutschland mehr als 45m² pro Person. Stattdessen werden mehr Flächen gemeinschaftlich genutzt.

Erdgeschosse von Wohnhäusern in Städten beherbergen solidarische und ökologische Betriebe. Dort oder in separaten Gebäuden liegen gemeinsame Räume für alle und zur Begegnung. In jedem Quartier und Dorf gibt es „Lebensmittelpunkte" – Orte, an dem Menschen füreinander kochen, gemeinsam essen, sich austauschen, Sorgearbeit verteilen und Neue Willkommen heißen können.

Auch die weitere für ein gutes Leben notwendige Infrastruktur wie Waschbereiche, Werkstätten, Ateliers, Spielzimmer, Proberäume, Sporträume, Kinos, Mediatheken und Gärten wird geteilt. Diese Räume sind offen und vielfältig nutzbar. Insgesamt ist dadurch ein größeres Miteinander und eine solidarische Nachbarschaft entstanden.

Dazu kommen die Willkommenszentren ▸9 Bewegungsfreiheit, Gesundheitshäuser ▸8 Gesundheit & Teilhabe und Häuser des Lernens ▸14 Bildung, die von mehreren Nachbarschaften geteilt werden.

Klimagerechtes Bauen und Nutzen

Wohn- und Nutzraum wird vollständig mit regenerativer Energie versorgt. An Fassaden und auf Dächern wachsen Pflanzen, um das Klima zu regulieren und mehr Flächen für Nahrungsmittelanbau bereitzustellen. Dinge des täglichen Bedarfs wie Läden, Spielorte für Kinder und Gesundheitshäuser sind fußläufig zu erreichen. Dadurch ist klimagerechtes Wohnen möglich und die neue Normalität.

Solche Nachbarschaften sind einerseits durch einen weitgehend ökologischen Umbau des Bestandes entstanden, der sich an Bedürfnissen der Bewohner*innen orientierte und demokratisch gestaltet wurde. Andererseits gibt es immer wieder auch Neubau in Form nachhaltiger Quartiere und Gebäude. Gebaut wird nur noch mit nachwachsenden, möglichst lokalen oder wiederverwendeten Materialien.

Sam, geb. 2034

Ich wohne in Leipzig Lindenau. Ganz wichtig für das Viertel ist der Ort, an dem wir jetzt sind: der sogenannte ***Lebensmittelpunkt****. Hier gibt es Essen für alle, Grundnahrungsmittel zum Mitnehmen, eine Gemeinschaftsküche mit leckerem warmen Essen zweimal am Tag. Und da ist auch der Ort, an dem neue Leute ankommen, die ins Viertel ziehen, also unser* ***Willkommenszentrum****. Ich habe hier viele meiner besten Freund*innen kennengelernt. Hier finden unsere wöchentlichen Treffen der* ***Nachbarschaftsräte*** *statt und wir entscheiden, wie* ***Sorgearbeit*** *unter uns aufgeteilt wird. Da habe ich auch gelernt, wie wichtig es ist, dass alle Kinder früh mal auf Kleinere aufpassen. Scheinbar wurde das früher oft nur den Mädchen erlaubt, weshalb dann gedacht wurde, die können das besser. Ich wohne hier um die Ecke in einer großen WG. In dem Haus sind* ***viele verschiedene Wohnungen*** *in unterschiedlichen Größen und die Leute wechseln immer mal rum, je nach Bedarf. Gerade hat eine junge Familie mit einem älteren Paar getauscht, das in einer Vier-Zimmer-Wohnung mit einer guten Freundin gewohnt hat.*

So lebe ich

Gerechte Wohnraumvergabe und Kostenmiete

Zur heutigen Organisation von Wohnraum werden digitale Werkzeuge genutzt. Sie unterstützen auch die Wohnraumsuche und -vergabe. Einzelpersonen, Familien und Gruppen melden ihre Bedürfnisse in einem Onlineportal an. Diese werden mit dem verfügbaren Wohnraum vor Ort abgeglichen. Falls mehrere Optionen für die Suchenden und die in Frage kommenden Nachbarschaften passen, entscheidet das Los. Die Daten sind selbstverständlich gut geschützt und in gesellschaftlicher Hand. Mieter*innen erhalten damit Nutzungsrechte auf Zeit – der Wohnraum kann nicht mehr privatisiert werden.

Mieter*innen zahlen eine Kostenmiete. Diese ermöglicht die Instandhaltung und notwendige Investitionen. Sollten doch Überschüsse erwirtschaftet werden, so werden diese für Auf- und Umbau weiterer Wohnflächen verwendet, ähnlich dem Modell des Mietshäuser Syndikats, das es schon seit den 1990er Jahren gibt.

2020

WAS ES SCHON GIBT

Deutsche Wohnen enteignen
Berliner Großkonzerne enteignen, um guten Wohnraum für alle zu ermöglichen.
‣ **dwenteignen.de**

Mietshäuser Syndikat
Netzwerk von selbstorganisierten Häusern, die dauerhaft dem Markt entzogen sind.
‣ **syndikat.org**

Sowo Leipzig eG
Genossenschaft, die Gemeinschaftshäuser kauft und verwaltet.
‣ **sowo-eg.org**

Neustart Schweiz
Idealtypische Quartiere für 500 Personen.
‣ **neustartschweiz.ch**

Planbude
Vorzeigeprojekt der gemeinschaftlichen Stadtplanung.
‣ **planbude.de**

Rotes Berlin
Maßnahmenprogramm zur demokratischen Vergesellschaftung von Wohnraum.
‣ **interventionistische-linke.org/beitrag/das-rote-berlin**

Attraktives Wohnen auf dem Land

● Heute ist das Leben auf dem Land attraktiv, es gibt keinen massenhaften Wegzug der jungen und aktiven Menschen mehr in die Städte. Alle Siedlungen und Dörfer verfügen über all das, was einen angenehmen Alltag ausmacht. Die Infrastruktur dafür besteht aus den Lebensmittelpunkten als Versorgungszentren, Häusern des Lernens, Gesundheitshäusern, Cafés, lokalen Theatern, Kinos und vielem mehr. Bei größeren Dörfern findet sich all dies innerhalb des Dorfzentrums, für kleine Dörfer haben sich Dorfverbünde gebildet, die die Angebote gemeinsam bereitstellen und untereinander durch Fahrradwege und öffentlichen Nahverkehr gut zu erreichen sind. Die Pendeldistanzen zur Erwerbsarbeit sind – soweit im jeweiligen Arbeitsbereich möglich – kurz. ‣12 Mobilität & Transport

Auch auf dem Land gibt es diverse Wohnformen. Einfamilienhäuser wurden seit den 2020er Jahren nach dem Wegzug der eigenen Kinder so umgestaltet, dass der Raum gut genutzt wurde. Zum Beispiel durch Umbau, Weitergabe und gemeinschaftliche Nutzung. Mischnutzungen von Gebäuden dominieren; Co-Working-Räume sind entstanden. Auch auf dem Land wird neuen Bewohner*innen das Ankommen durch Willkommenszentren vereinfacht. Dörfer und Kleinstädte sind bunt und vielfältig geworden. ‣9 Bewegungsfreiheit

Globale Verbundenheit

● Auch wenn der Fokus auf den Gemeinschaften und Nachbarschaften liegt, in denen Menschen sich verwurzeln können und leben, werden globale Entwicklungen und die Verbundenheit aller miteinander viel stärker thematisiert. Informationen sind frei für alle zugänglich, Barrieren zu deren Zugang wie komplizierte Sprache und ein Fokus auf schriftlichen Informationen werden aktiv abgebaut. Auch Kultur, Tanz, Musik und Theater werden nicht von einer kleinen Elite produziert und kontrolliert, sondern von allen – in Form einer Koexistenz verschiedener vernetzter Stile und Traditionen mit viel Austausch.

Mobilität & Transport

12

2048 gibt es

↦ Autofreie Städte und Dorfplätze ↦ attraktive Züge und Bahnhöfe
↦ Lastenfahrrad-Verzier-Kultur ↦ Fahrradwege und -straßen
↦ überall gut getakteten öffentlichen Nahverkehr

2048 gibt es nicht mehr

⇤ sinnloser Transport, um Kostenvorteile zu nutzen ⇤ Autobahnen
⇤ Massentourismus ⇤ Kurzstreckenflüge ⇤ fossile Mobilität

Während der Verkehr heute deutlich reduziert ist, sind wir doch mobiler als früher. Statt einer Kultur der Beschleunigung und Infrastrukturen für schnellen Individualverkehr setzen wir heute auf räumliche Nähe und eine ökologische Mobilität, die für alle zugänglich ist.

2048

Mobilität auf dem Land

Der Verkehrsbedarf ist heute auf dem Land viel geringer als früher. Dies hat viele Gründe:

→ Alle Siedlungen und Dörfer verfügen (wieder) über all das, was einen angenehmen Alltag ausmacht. ▸11 Wohnen

→ Die Fokussierung auf Sorgearbeit, die eben auch in Dörfern stattfindet. ▸8 Gesundheit & Teilhabe

→ Die Re-Regionalisierung von Handwerk, Produktion und anderer Arbeit, sodass Menschen meist in der Nähe ihres Wohnortes erwerbsarbeiten können.

→ Die dezentrale Versorgung durch eine kleinbäuerliche Landwirtschaft. ▸10 Ernährung & Landwirtschaft

→ Die Einrichtung vieler Co-Working-Spaces, in denen Menschen an überregionalen Projekten mitwirken können, ohne dabei zu vereinsamen, und Technik gemeinsam nutzen können, um Ressourcen einzusparen.

Viel mehr Menschen als früher leben auf dem Land und sind dort tätig, Menschen sind nicht mehr zum Pendeln in die Stadt gezwungen. ⟶

Mobilität in der Stadt

→ Die alltäglichen Wege sind alle so nah, dass sie mit dem Fahrrad oder kostenfreiem öffentlichem Nahverkehr zurückgelegt werden. Die Synchronisierung von Arbeitszeiten in dünn besiedelten Gebieten hat dazu beigetragen, dass auch dort der Nahverkehr gut ausgelastet ist. Menschen, die sich nur schlecht fortbewegen können, greifen für die letzten Meter auf (Fahrrad-) Taxis zurück, die es in jedem Dorf bzw. Dorfverbund gibt.

Die Dorfplätze sind vielfach autofrei. Für den Weg in das nächste Dorf oder die Stadt greifen einige Menschen noch auf elektrische Kleinwagen zurück, allerdings meistens als geteiltes Auto. Die überall vorhandenen Mitfahrbänke, die Entschleunigung des Alltags und der Abbau von Diskriminierung haben das Fahren per Anhalter wieder attraktiv gemacht. Gleichzeitig wurden gut ausgebaute Fahrradstraßen zwischen den Gemeinden gebaut, an deren Rändern sich viele Läden, Fahrradselbsthilfewerkstätten und anderes Gewerbe niedergelassen haben. Dazwischen finden sich kleine Ruheinseln und Gärten.

■ Eine Kultur des Teilens, Lebensmittelpunkte ▸11 Wohnen, urbanes Gärtnern und offene Werkstätten haben auch in der Stadt den Verkehr stark verringert, weil – wie auf dem Land – alles für den Alltag in der direkten Nachbarschaft zu finden ist oder sogar dort produziert wird.

Die meisten Städte sind autofrei. Ausgenommen sind Fahrzeuge für den Transport besonders schwerer Dinge (z.B. Müllabfuhr, Baumaterial) und für Notfälle wie Feuerwehr oder Krankenwagen; aber auch diese Einsätze sind zurückgegangen, da viel weniger Unfälle passieren. Dadurch ist der städtische Raum ein sicherer Ort für alle geworden, ein Ort der Gespräche, des Spielens und der belebten Stille. Aus den Straßen sind Fahrradwege (oft zweigeteilt in eine Schnellspur und eine normale Spur), Parks, kleinere Grünflächen, Beete, Spielplätze und vieles mehr geworden. Der Unterschied zwischen Stadt und Land hat abgenommen, ebenso wie der Bedarf „raus ins Grüne“ fahren zu wollen. Die Nutzung des kostenfreien Nahverkehrs für lange Strecken dominiert, während für kürzere Wege das Fahrrad(-taxi) genutzt wird.

Fernverkehr und Reisen

Die ehemaligen Autobahnen sind heute einspurige Straßen mit einem Tempolimit von 100km/h, auf denen vor allem elektrisch betriebene Busse sowie einige Last- und Kleinwagen unterwegs sind. Dafür gibt es gegenüber 2020 eine Bahn mit doppelt so großem Schienennetz, das dreimal so viele Mitarbeitende betreiben – davon viele aus der ehemaligen Autoindustrie. Längere Strecken werden standardmäßig mit der Bahn zurückgelegt – das ist am komfortabelsten, schnellsten und günstigsten.

Die Bahn hat sich stark gewandelt. Das fängt bei den Bahnhöfen an, die gleichzeitig Mobilitätszentren und Begegnungsräume sind, mit gemütlichen offenen Küchen, Lounges, Schlafplätzen, Leseecken und Ruheräumen. Die Bahnen selbst bieten Themenabteile, Kinderbegleitung und ein hohes Maß an Komfort. Letzteres gilt besonders für das europaweite Netz an Nachtzügen. Zugleich wurde die Geschwindigkeit auf maximal 200km/h beschränkt, wodurch sich der Energieverbrauch verringert und die Strecken weniger gerade gebaut werden müssen. Die Energie der Züge kommt vollständig aus erneuerbaren Energien – ein kleiner Teil davon wird sogar im Fitnessraum der Züge während der Fahrt produziert.

Durch die Entschleunigung des Alltags und die Verringerung der Lohnarbeitszeit gehören Kurztrips mit dem Flugzeug der Vergangenheit an. Überhaupt ist das Bedürfnis nach Urlaub als Mittel, um dem stressigen Alltag zu entkommen, stark gesunken. Stattdessen reisen viele Menschen meist länger – entweder für ein paar Wochen mit der Bahn oder strombetriebenen Binnenschiffen oder für längere Trips mit Nachtzügen oder mit Solarsegelschiffen über das Meer. Oft werden dafür mehrere Monate Auszeit genommen. Weil der Alltag weniger belastend ist, ist das Ziel dieser Reisen nicht, sich in kürzester Zeit maximal zu erholen, sondern andere Lebensweisen und Landschaften in Ruhe kennenzulernen.

Es gibt 2048 auch noch Flugzeuge und Flughäfen. Ihre Attraktivität hat jedoch stark abgenommen. Im Gegensatz zu Bahnhöfen sind Flughäfen funktionale Orte, von denen es auch nur noch drei in Deutschland gibt. Hauptfunktion der Flughäfen ist es, den Personen die Möglichkeit zum schnellen Reisen zu geben, die sie brauchen – vor allem Menschen auf der Flucht, die schnell ihr Land verlassen müssen und Menschen, deren Familien auch per Schiff schwierig zu erreichen sind. Flüge innerhalb Europas gibt es kaum noch und kaum jemand will mehr ohne Not fliegen, weil es als teuer, unkomfortabel und nicht verantwortbar empfunden wird.

Güterverkehr

Der überregionale Güterverkehr hat in den meisten Regionen durch die Regionalisierung der Wirtschaftskreisläufe stark nachgelassen. ▸1 Globale Gerechtigkeit In manchen Gebieten wird jedoch auf eine effiziente Gestaltung der Fernversorgung gesetzt. Auch hier gilt aber, dass Rohstoffe und unverarbeitete Nahrungsmittel nicht über längere Strecken transportiert werden. Stattdessen geschieht die Verarbeitung vor Ort und der Transport per Solarsegelschiff und Bahn. Innerhalb der Regionen wird sehr viel per Lastenrad transportiert. Um dieses Transportmittel ist eine ganze Kultur des Schmückens der Lastenräder entstanden, angelehnt an die Fahrzeugkunst in Südasien.

WO SIND DIE AUTONOMEN ELEKTROAUTOS

In den gängigen Zukunftsszenarien für Verkehr (#Mobilitätswende) spielt die Elektromobilität eine große Rolle. Dabei geht es nicht nur um einen klimaschonenden öffentlichen Verkehr, sondern auch um die Möglichkeit, den autofokussierten heutigen Lebensstil beizubehalten. Dies bedeutet aber auch all seine Folgen – Unfälle, Flächenversieglung, Lärm, Ressourcen- und Energieverbrauch –beizubehalten. Wir halten diese Strategie deswegen für falsch. Ein zweites heißes Zukunftsthema im Bereich Mobilität sind autonome Fahrzeuge – sie sollen Unfälle, Staus und Energieverbrauch deutlich senken, wenn sie als öffentliche Fahrzeuge effizient koordiniert werden können. Wir haben uns in unserem Szenario gegen diese Technik entschieden, da Autos in unserer Vision sowieso nur noch eine sehr begrenzte Rolle spielen und triftige Argumente dagegen sprechen. So könnte durch autonome Fahrzeuge das Autofahren auch attraktiver werden und mehr Leute dazu bewegen, längere Strecken mit Autos zurückzulegen. Außerdem braucht es dafür ressourcenintensive und datenschutzrechtlich fragwürdige Datenverarbeitungs-Infrastruktur, die riesige Datenmengen generiert.

2020

WAS ES SCHON GIBT

Initiativen und Vereine
für eine andere Mobilität.

‣ **ambodenbleiben.de**
‣ **sand-im-getriebe.mobi**
‣ **back-on-track.eu**
‣ **adfc.de**
‣ **vcd.org**
‣ **bahn-fuer-alle.de**
‣ **allianz-pro-schiene.de**

Lokale Organisationen
die für eine ökologische Verkehrswende kämpfen.

Berlin ‣ **changing-cities.org**
Bremen ‣ **einsteigen.jetzt**
Kassel ‣ **rothe-ecke.de**
Wien ‣ **systemchange-not-climatechange.at/de/wien**
Stuttgart ‣ **wanderbaumallee-stuttgart.de**

Initiativen
die erfolgreich Widerstand gegen den (Aus)bau von Flughäfen leisten.

London ‣ **airportwatch.org.uk**
München ‣ **keine-startbahn3.de**
Frankreich ‣ **wikipedia.org : ZAD de Notre Dame des Landes**

GroenLinks
Niederländsiche Partei, die sich für die Streichung von Flugverbindungen von unter 750km einsetzt.

‣ **back-on-track.eu/groenlinks-uk**

Sailcargo
Firma, die Frachtsegelschiffe baut.

‣ **sailcargo.org**

Österreichische Bundesbahn
Baut das europäische Nachtzugnetz aus.

‣ **nightjet.com**

Unternehmen
die ihren Mitarbeitenden mehr Urlaub anbieten, wenn sie nicht fliegen.

Weiberwirtschaft ‣ **weiberwirtschaft.de**
Climate perks ‣ **climateperks.com**

Neues aus Annaba

Datum: 20.6.2048

Von: Katia An: Maik

Hallo Maik, herzliche Urlaubsgrüße aus Annaba!

Auch dieses Jahr sind wir mit Nachtzug, Segelschiff und Bus gereist, alles hat gut geklappt, und jetzt sind wir endlich in Annaba angekommen. Das einzig Spannende war, dass ich auf dem Schiff endlich selbst Segel setzen und viel im Ausguck rumhängen durfte. Aber jetzt kommt der Hammer: Urtan, der Sohn unserer Gastfamilie, der immer so genervt hat, ist ganz anders. Letztes Jahr hat er die ganze Zeit mit meiner Mutter und seinem Vater rumgehangen, wenn die sich über irgendwelche Entsalzungssysteme unterhalten haben. Aber dieses Jahr ist er total freundlich und will mir Windsurfen beibringen. Morgen fahren wir mit den Hamadis für eine Woche zum Fetzara-See. Die haben einen Fahrradbus besorgt und Urtan und ich haben schon ausgemacht, das er mir auf der Fahrt mit meinem Arabisch weiterhilft. Ich hoffe, ihr habt eine schöne Zeit in Tiflis, wir sehen uns in ziemlich genau 50 Tagen!

Viele Grüße, Katia.

Nachricht aus dem Urlaub

Energie & Klima

13

2048 gibt es

↦ Energiesuffiziente Lebensstile ↦ die 1250 Watt-Gesellschaft
↦ einen internationalen Klimarat
↦ eine demokratisch und lokal geplante Energieversorgung

2048 gibt es nicht mehr

⇤ CO^{2}-Emissionen – weder im Stromsektor noch bei Verkehr oder Wärme
⇤ Energie- und Industrielobby ⇤ Profite im Energiesektor

Heute produzieren und konsumieren wir insgesamt viel weniger als vor 30 Jahren. Wertschätzung von natürlich Gewachsenem und Gealtertem, ein entschleunigter Lebensrhythmus und das Wissen, Teil der natürlichen Welt zu sein, ermöglichen einen verantwortungsvollen Umgang mit Ressourcen. Ein suffizienter Lebensstil ist für uns selbstverständlich.

2048

Energieverbrauch

▲ Das Konzept der 1250 Watt-Gesellschaft als Weiterentwicklung der Idee der 2000 Watt-Gesellschaft von vor 30 Jahren hat sich durchgesetzt. Das heißt, im Durchschnitt braucht jeder Mensch nicht mehr als 1250 Watt Primärenergie oder 10950 kWh pro Jahr – etwa ein Viertel des Verbrauchs von 2020. Für ein gutes Leben gibt es eine Vielzahl energiearmer Vergnügen, die über die Nachbarschaftsstrukturen allen zur Verfügung stehen. ▸11 Wohnen Zugleich ist Energie, um die Grundbedürfnisse zu erfüllen (Mobilität, Wärme, Licht), Teil des Grundauskommens.

Energieversorgung

Die globale Erderwärmung machte ein Handeln im Bereich der Energieversorgung besonders dringend. Seit Ende der 2030er ist der stark reduzierte Energieverbrauch komplett durch regenerative Energien gedeckt. Im Strombereich wurden längst etablierte und ressourcenschonende Techniken weiterentwickelt – Photovoltaik-Zellen, Windräder, Stromspeicher –, die den Abgleich zwischen Produktion und Konsum stark vereinfachten.

Der Wärmebedarf wurde durch eine Verringerung der Wohnraumfläche und zeitgemäße Dämmung (basierend auf nachwachsenden Dämmmaterialien) deutlich verringert. Der verbleibende Energiebedarf wird, wenn möglich, durch ressourcensparende, einfache Techniken wie Solar- oder Geothermie gedeckt.

Im Mobilitätssektor ist der Energieverbrauch ebenfalls stark gesunken, da viel weniger Autos und Flugzeuge unterwegs sind. ▸12 Mobilität & Transport Alle verbliebenen motorisierten Verkehrsmittel werden heute mit Strom aus erneuerbaren Quellen betrieben.

Bei der Energieverteilung herrscht regionale Vielfalt. In manchen Regionen haben sich autarke Nachbarschaften als Modell durchgesetzt, andere Regionen nutzen lokale Netze oder sind sogar über gut gepflegte alte Stromnetze miteinander verbunden.

Die technische Seite der Energieversorgung wird durch sogenannte E-Nerds-Kollektive (Energiedienstleister*innen) organisiert. Diese divers zusammengesetzten Gruppen bestehen aus Menschen, die ein großes Interesse am Thema haben und sich gegenseitig weiterbilden. Die Gruppen sind jeweils für die Energieversorgung einer Region zuständig, das heißt sie bauen und reparieren Windräder und Photovoltaikflächen und kümmern sich um die Netze.

Die Strukturen der Energieversorgung und -verteilung sind komplett vergesellschaftet. Energieversorgung wird demokratisch und lokal geplant. ▸2 Demokratie

Einstieger*innen-Eintrag „Globaler Klimarat"

zuletzt aktualisiert 05.12.2048

Früher gab es sogenannte „Klimaverhandlungen". Dort trafen Staaten aufeinander, die in erster Linie in wirtschaftlicher Konkurrenz zueinander standen und erst in zweiter Linie gemeinsam die Erderwärmung aufhalten wollten. Dies führte dazu, dass ihre Verhandlungen nicht dazu beitrugen, globale Emissionen tatsächlich zu verringern, sondern in taktischen Manövern und sanktionsfreien staatlichen Selbstverpflichtungen endeten. Heute ist die Konkurrenz zwischen Staaten überwunden; die meisten Gesellschaften gingen ab der Krise 2022 über zu einer kooperativen, bedürfnisorientierten Wirtschaft. Trotzdem ist auch heute noch eine globale Planungsebene notwendig, z.B. um

→ zu kontrollieren, dass die Menschheit sich global auf einem klimaschonenden Pfad fortbewegt,

→ Vorschläge zur Verteilung lokal vorhandener, aber global benötigter Ressourcen wie Seltenen Erden zu machen

→ ein globales Recycling-Regime zu planen.

Diese Aufgaben übernimmt der Globale Klimarat. Er wirkt grundsätzlich eher beratend und ist repräsentativ besetzt, sowohl was Herkunft angeht, als auch die Vertretung von Minderheiten. Er berücksichtigt die historische Schuld der Länder des Globalen Nordens, also die Tatsache, dass die Industriestaaten sehr viel stärker zur Erderwärmung beigetragen haben. Bei seiner Arbeit profitiert er davon, dass fast alle Regionen das gleiche Ziel verfolgen: die Erderwärmung aufzuhalten. Falls eine Region trotzdem ihre Minderungsziele nicht einhält, kann der Rat Sanktionen verhängen, die sich aber nicht auf Güter des alltäglichen Lebens beziehen dürfen.

Lern-Wiki

2020

WAS ES SCHON GIBT

Bewegungen
Stoppen in Deutschland mit Mitteln des zivilen Ungehorsam den Kohleabbau.
▸ **ende-gelaende.org**
▸ **kohle-ersetzen.de**
▸ **ausgeco2hlt.de**
▸ **sand-im-getriebe.mobi**

Alle Dörfer bleiben
Lokale Initiativen in Dörfern, die vom Braunkohleabbau bedroht sind. Sie wehren sich gegen Abbaggerung und fordern stattdessen eine dezentrale erneuerbare Energieversorgung.
▸ **alle-doerfer-bleiben.de**

Fridays for Future
Schüler*innen und Student*innen streiken für Klimagerechtigkeit.
▸ **fridaysforfuture.de**

Bürgerenergiegenossenschaften
Bringen die Energiewende von unten voran.
▸ **dgrv.de/bundesgeschaftsstelle-energiegenossenschaften**

Gesellschaft für nachhaltiges Bauen
Setzt sich für bessere politische Rahmenbedingungen für klimaneutrale Gebäude ein.
▸ **dgnb.de**

Volksinitiativen
Für den Rückkauf von Stromnetzen.
Berlin ▸ **berliner-energietisch.net**
Hamburg ▸ **unser-netz-hamburg.de**

Klimapolitik

▲ Weil Kooperation und Solidarität Konkurrenz und Wettbewerb als grundlegende Prinzipien ersetzt haben, konnten mit Energieräten effektive klimapolitische Strukturen geschaffen werden. In den Räten wird diskutiert, welche Bedarfe an Energie vorhanden sind. Dann wird geschaut, wieviel Arbeitszeit und Ressourcenverbrauch sowie Umweltverschmutzung nötig wären, um die Bedarfe zu decken. Schließlich wird dann gemeinsam darüber entschieden, ob der Zweck den Aufwand rechtfertigt. Die Energieräte entsenden Vertreter*innen in die jeweils übergeordneten Räte; die globale Ebene organisiert ein Globaler Klimarat.

An Historix Jorge Sczechuan
Quantenübertragung 3.48637KJ

Hallo Jorge, ich hab mir Deinen Artikel zur Erderwärmung im 20. und 21. Jahrhundert angeschaut und kann Deinen Schlussfolgerungen nicht zustimmen. Die dendrochonologischen Untersuchungen zeigen deutlich, dass der CO2-Gehalt der Atmosphäre schon abnahm, bevor die damalig zu erschließenden Kohlevorräte aufgebraucht waren. Natürlich können wir nur spekulieren, ob der Abbau politisch gestoppt wurde oder aus den damals primitiv hergeleiteten „Kostengründen". Die Pollenanalyse legt ebenfalls ein schnelles und umfassendes Umdenken nahe, da die Vielfalt der Baumpollen Ende der 2030er ebenfalls stark zu nimmt und monokulturelle Funde in ganz Südamerika abnahmen. Ich bleibe daher bei meiner These, dass das solidarische Jahrhundert schon in diesem Zeitraum begonnen hat und vielleicht sogar seinen Ausgangspunkt in einer umweltpolitischen Neuausrichtung hatte.

Nachricht aus dem Jahr 4021

Bildung

14

2048 gibt es

↦ Häuser des Lernens ↦ Lernen in jedem Alter ↦ Lernbegleiter*innen
↦ selbstbestimmtes, interessengeleitetes Lernen
↦ kooperatives Lernen in Gruppen ↦ Anschlüsse statt Abschlüsse
↦ Kiez, Kommune und Welt sind Lernorte

2048 gibt es nicht mehr

⇤ Schulen und Unterricht ⇤ fremdbestimmtes Lernen
⇤ Leistungsdruck und Konkurrenz ⇤ Kontrollen und Noten
⇤ Selektion und Segregation

*Heute bilden wir uns alle in offenen Bildungslandschaften, in denen Menschen jeden Alters ihren Interessen nachgehen. Alle sind selbstbestimmte Gestalter *innen ihrer eigenen Lernwege und werden darin von Lernbegleiter*innen unterstützt. Es gibt offene, demokratisch organisierte Häuser des Lernens, die Begegnungs-, Lern- und Reflexionsräume anbieten. Aber auch der Wald, die Fahrradwerkstatt, das Stadtteilparlament am Wohnort oder auf der anderen Seite der Welt können Teil der offenen Bildungslandschaften sein. Neben Kulturtechniken wie Lesen und Schreiben werden grundlegende Fähigkeiten für das Zusammenleben in einer nachhaltigen und solidarischen (Welt)Gesellschaft durch eigenes Tun gelernt.*

2048

Eine Lernkultur der Potenzialentfaltung

Heute zielt Bildung darauf ab, Menschen in der Entwicklung ihrer vielseitigen Fähigkeiten und Potenziale zu unterstützen und sie für die Anforderungen des Lebens, Zusammenlebens und des Überlebens zu stärken. Um das Leben auf diesem Planeten nachhaltig zu erhalten, liegen den übergeordneten Bildungszielen heute viel stärker Wertorientierungen wie die der global verhandelten Menschenrechte, Kinderrechte und Naturrechte zugrunde. Menschen werden in den offenen Häusern des Lernens darin unterstützt, sich Haltungen, Fähigkeiten und Wissen anzueignen, die es ermöglichen, eine nachhaltige, solidarische und friedliche Gesellschaft mitzugestalten.

Die Lernkulturen an den verschiedensten Lernorten und Wirk-Stätten bieten das, was für gelingendes Lernen zählt: Wertschätzung, Beziehung, Partizipation, Verantwortung und Sinn. Menschen lernen, indem sie sich – gemeinsam mit anderen – eigene, bedeutsame Fragen, Aufgaben und Herausforderungen suchen und an diesen wachsen. Sie sind weitestgehend selbstbestimmte Gestalter*innen ihrer eigenen Lernwege. Die überall verbreiteten Häuser des Lernens sind die Koordinationsstellen dafür. Hier kommen Menschen jeden Alters zusammen und treffen sich in verschiedenen, zum Beispiel interessen- oder altersbezogenen Bezugsgruppen, die ihre Lernaktivitäten gemeinsam organisieren und reflektieren. Die Lernenden wählen sich Lernbegleiter*innen frei aus, die ihnen als gleichwürdige Bezugs- und Beziehungspersonen mit Reflexions-, Moderations-, Inspirations- oder Beratungsangeboten zur Seite stehen. ⟶

In den Häusern des Lernens gibt es vielfältige, verschiedene Lerntypen ansprechende Bildungsangebote zu den grundlegenden Kulturtechniken, die notwendig sind für eine umfassende gesellschaftliche Teilhabe. Es gibt Angebote zum Erlernen von Lesen, Schreiben und Rechnen. Und es werden Lerngelegenheiten geboten für das Üben von Problemlösungsfähigkeiten, kritischem Denken, Offenheit, Vorstellungskraft und Kreativität, Empathiefähigkeit und Konfliktlösungsfähigkeiten, Teamfähigkeiten, Handlungsmut, Verantwortungsübernahme als auch Umgang mit Unsicherheit und Nicht-Wissen.

Das Leben selbst bietet die besten Lerngelegenheiten. Die lokalen Bildungslandschaften vernetzen Lern-, Lebens- und Tat-Orte, in denen gelebt, gearbeitet und gelernt wird -- im Wald, in Werkstätten, Laboren, Planungsbüros, Gesundheitshäusern, landwirtschaftlichen Betrieben und urbanen Gärten, Theatern oder Parlamenten. Dort findet eine ästhetische, also sinnliche Auseinandersetzung mit der Welt statt. Dort gibt es Menschen, die sich Zeit nehmen und fachlich kompetent sind, um Menschen beim theoretischen Erlernen und praktischen Erproben von Wissen und Fähigkeiten zu begleiten. Die Lernenden tragen mit ihrem Tun zur Lösung realer Probleme bei und erfahren, dass sie wirksame und verntwortungsvolle Gestalter*innen ihrer Mitwelt sind. Zahlreiche Lernorte sind global vernetzt und bringen Menschen aus unterschiedlichen Teilen der Welt zusammen, um an gemeinsamen Projekten zu arbeiten. Aktion und Reflexion sind miteinander verbunden. Denn nach einiger Zeit der Erkundung und Praxis kommen die Lernenden in den Häusern des Lernens zusammen und tauschen sich dort über ihre Erfahrungen aus. Sie reflektieren ihre Erlebnisse, lernen voneinander und planen ihr weiteres Handeln, um das Gelernte weiter umzusetzen oder um sich neue Lernziele zu setzen.

In der fehlerfreundlichen Lernkultur tragen sowohl Scheitern als auch Gelingen zum Lernen bei. Bewertungen und Vergleiche durch Noten und Leistungskontrollen sind abgelöst durch wertschätzende, freiwillige und potentialorientierte Formen der Rückmeldung und Selbstevaluation von Lernprozessen. Statt Abschlüssen gibt es Anschlüsse. Wenn Menschen sich auf ein bestimmtes Tätigkeitsfeld oder einen bestimmten vertiefenden Bildungsweg vorbereiten wollen, werden sie darin in den Häusern des Lernens von ihren Lernbegleiter*innen unterstützt. Die aufnehmenden Betriebe oder spezialisierten Bildungsorte haben dafür die gewünschten Qualifikationen als Zugangsvoraussetzungen formuliert, an denen sich die Lernenden orientieren können.

2020

WAS ES SCHON GIBT

Bildungseinrichtungen
Mit zukunftsweisenden Konzepten.

Halle ▸ riesenklein.com
Bremen ▸ kischu.de
Bielefeld ▸ uni-bielefeld.de/OSK
Berlin ▸ ev-schule-zentrum.de
▸ sfeberlin.de
Bernkastel Kues ▸ cusanus-hochschule.de

Akteure
Die an der Transformation des Bildungssystems arbeiten.

▸ youpan.de
▸ sv-bildungswerk.de
▸ schule-im-aufbruch.de
▸ pioneersofeducation.online
▸ kreidestaub.net
▸ lernkulturzeit.de
▸ netzwerk-n.org
▸ funkenflug.de

Forum kritische politische Bildung
Kritische Begleitung von Bildungsdiskursen.

▸ akg-online.org/arbeitskreise/fkpb-forum-kritische-politische-bildung

Akteure
Der außerschulischen Bildungsarbeit.

▸ konzeptwerk-neue-oekonomie.org
▸ germanwatch.org/de/thema/bildung
▸ epiz-berlin.de
▸ wandel-werk.org
▸ glokal.org

Lernorte der Inklusion und Gleichberechtigung

Bildung ist wie andere soziale Infrastrukturen grundsätzlich lebenslang kostenfrei und für alle zugänglich. Die Häuser des Lernens sind barrierefrei und an menschlichen Bedürfnissen orientiert gestaltet. Sie sind Orte, an denen wir lernen, miteinander zu leben. Durch die Durchmischung von Nachbarschaften sind auch bei den Lernenden in den Häusern des Lernens die vielfältigen Perspektiven und Lebenssituationen von Menschen in unserer Gesellschaft vertreten.
▸11 Wohnen ▸9 Bewegungsfreiheit

Es wird flexibel auf unterschiedliche Bedürfnisse, z.B. verschiedene Sprachen, eingegangen. Auch die Lernbegleiter*innen repräsentieren gesellschaftliche Diversität. Menschen unterschiedlicher Herkunft, Geschlechtsidentitäten, körperlicher Fähigkeiten und Altersstufen sind grundsätzlich Teil des Teams. Sie arbeiten in multiprofessionellen Teams zusammen und bringen verschiedene Erfahrungen als beispielsweise Pädagog*innen, Logopäd*innen, Sozialarbeiter*innen, Psycholog*innen oder Physiker*innen ein. Die Lernbegleiter*innen nehmen regelmäßig an macht- und herrschaftskritischen Weiterbildungen, Beratungen und Supervisionen teil, um ihre Praxis in Hinblick auf ihre eigene Rolle machtkritisch zu reflektieren. Da trotz aller Bemühungen jahrhundertealte Diskriminierungsformen noch nicht ganz aufgelöst sind, stehen in den Häusern des Lernens Ansprechstrukturen, Empowerment- und Reflexionsräume zur Verfügung. Sie werden sowohl von Menschen, die Diskriminierung erfahren als auch von Menschen, die Privilegierung erfahren, selber gestaltet und genutzt, um an einem gleichberechtigten Miteinander zu arbeiten.

Lernorte der Demokratie

Die Häuser des Lernens sind Orte demokratischer Selbstbestimmung und Selbstverwaltung. In den basisdemokratischen Organen der Einrichtung haben alle die Möglichkeit, das Miteinander zu gestalten, Situationen zu verändern und an der Gestaltung von für alle tragbare Lösungen mitzuarbeiten. Mit Blick auf die Heranwachsenden wird in den Häusern des Lernens die Kinderrechtskonvention vollständig umgesetzt. Die Kinder und Jugendlichen können sich ebenso wie die Erwachsenen aktiv einbringen. Alle entwickeln so den Mut, die Kreativität und die Kompetenz, um in der heutigen Gesellschaft handlungsfähig zu sein und ihre Gegenwart auch im Hinblick auf ihre Zukunft mitgestalten zu können.

Gute Bildung für alle hat einen hohen gesellschaftlichen Stellenwert, es werden dafür ausreichend öffentliche finanzielle Mittel zur Verfügung gestellt. Als bildungspolitischen Rahmen gibt es einen Rat für Weiterentwicklung, in dem Bildungsexpert*innen, Expert*innen aus allen anderen gesellschaftlichen Bereichen und auch Lernende aus den Häusern des Lernens verhandeln, wie eine zukunftsfähige Bildung gestaltet sein soll. Dabei orientieren sie sich an global vereinbarten Rahmendokumenten zu den Zielen zukunftsfähiger Bildung. Der Rat für Weiterentwicklung übt eine beratende Funktion für die regionalen Bildungsräte aus. Diese beraten wiederum die eigenständigen Häuser des Lernens. Sie koordinieren und unterstützen außerdem die Vernetzungen und Kooperationen in den diversen Bildungslandschaften.

R'anja (Lernende) mit Josepha (Lernbegleiter*in)

R'anja: ...Ich glaube einfach, es ist nicht das Richtige für mich.

Josepha: Und wenn du doch mal das Technik-Kollektiv ausprobierst?

R: Aber ich will doch Künstlerin werden und nicht irgendwas bauen!

*J: Viele Künstler*innen bauen etwas – Skulpturen, Gebäude, oder sie designen die Dinge um uns herum. Und ich glaube, da liegt deine Stärke, gute technische Lösungen zu finden für Probleme. Weißt du noch, als du damals dieses Modell für ein Musikabspielmodul entworfen hast? Da waren selbst die Nerds aus dem Kollektiv begeistert.*

R: Aber das sind ja nur Spielereien. Ich möchte etwas schaffen auf Leinwand, als Bild!

J: Wenn dir das so wichtig ist, dann musst du nach Pödelwitz gehen, das ist der nächste künstlerische Lernort dieser Art.

R: Aber ich will nicht hier weg.

J: Und wenn du erst mal an einem Online-Kurs teilnimmst?

R: Du meinst, das geht? Das ist doch nicht dasselbe.

J: Nein, das ist nicht dasselbe, aber es ist eine gute Möglichkeit auszuprobieren, ob es dir wirklich längerfristig Spaß und Freude bereitet.

R: Okay, aber in der Schlosserei hör ich auf!

J: Das kannst du gerne machen. Aber du kennst die Spielregeln: Bitte sag den anderen Bescheid!

Gespräch

Finanzen

15

2048 gibt es

↦ Demokratische Banken ↦ demokratisch kontrolliertes Geld
↦ eine Währungsausgleichsunion

2048 gibt es nicht mehr

⇤ Finanz-, Währungs- und Bankenkrisen
⇤ frei schwankende Wechselkurse
⇤ Finanz- und Währungsspekulationen

Klein, einfach, bedürfnisorientiert: Das Finanzsystem

Das Finanzsystem von heute ist zusammengeschrumpft und radikal vereinfacht auf einen kleinen, dem Gemeinwohl verpflichteten und demokratisch regulierten Kern. Geld kann nur in sehr begrenzten Mengen angehäuft oder vererbt werden. Es gibt vielfältige Finanzinstitutionen. Banken, Geld und Finanzkooperativen sind weniger ein eigenständiges System, sondern Instrumente einer demokratischen Gesellschaft.

2048

Heute sind Märkte und die Rolle des Geldes in Leben und Wirtschaften deutlich zurückgedrängt. Daher spielt das Finanzsystem auch nur noch eine untergeordnete Rolle. Zentrale Aufgaben des früheren Finanzsystems wie beispielsweise Versicherungen – von der privaten Rente über Unfall-, Arbeitsunfähigkeits-, Lebens- bis hin zu Haftpflichtversicherungen – sind überholt. Denn alle Menschen haben lebenslang Zugang zu den gemeinsamen Infrastrukturen und gesellschaftlichen Ressourcen. ▸3 Soziale Garantien Da auch alle Menschen mehr oder weniger gleich viel Vermögen haben, ist das Finanzsystem nicht sehr umfassend. Denn Geld lässt sich nur noch in kleinen Mengen vererben, die meisten Dinge (z.B. Wohnraum) sind als Gemeingüter gesellschaftlich verwaltet, und das Maximaleinkommen begrenzt die Anhäufung von Vermögen wesentlich. ▸5 Produktion & Betriebe

Andere Aufgaben des früheren Finanzsystems, wie die Entscheidung über zentrale gesellschaftliche Investitionen in zukünftige Infrastruktur, Forschung oder Produktentwicklung, decken weitgehend demokratische Gremien ab, in denen die Beschäftigen der jeweiligen Wirtschaftsbereiche repräsentiert sind. Und da es keine Aktiengesellschaften mehr gibt, keine Börsen, keine hochkomplexen Finanzinstrumente und insgesamt keine Spekulationen, sind große Bereiche der früheren Finanzindustrie einfach weggefallen.

Banken im Jahr 2048

Finanzinstitutionen im Jahr 2048 sind vielfältig, ein „Mischwald" aus kleinen und mittelgroßen öffentlichen Banken, genossenschaftlichen Instituten oder gemeinwohlorientierten Banken. Private und profitorientierte Banken existieren nicht mehr. Sie waren Anfang des 21. Jahrhunderts so in Verruf geraten, dass heute nur noch gemeinwohlorientierte Finanzakteure existieren. Sie alle sind streng durch demokratisch aufgestellte Kriterien reguliert, um die Einhaltung sozialer und ökologischer Rahmenbedingungen sicherzustellen.

Das Finanzsystem als Ganzes ist an Bedürfnissen und sozial-ökologischen Zielen ausgerichtet. Die nichtöffentlichen Finanzinstitutionen müssen ihre Risiken vollständig alleine tragen. Um Risiken zu minimieren, sind im Bereich der Grundversorgung (wie Wohnen, öffentliche Mobilität, Lebensmittel) nur genossenschaftliche oder öffentliche Finanzierungen erlaubt. Private Finanzierungen gibt es in den Bereichen, die weniger lebensnotwendig sind (wie bei Teilen der Konsumgüterproduktion, besonders aufwendigen Sportveranstaltungen oder ähnlichem).

Alle Menschen haben Zugang zu allen Finanzinstitutionen und diese gewähren weitgehende Mitbestimmungsmöglichkeiten, nicht nur für Mitarbeitende, sondern auch für Kontoinhaber*innen. Überweisungen sind für alle kostenlos; sie erfolgen in Echtzeit und durch verschlüsselte digitale Technologien. Zugleich ist ein hoher Datenschutz beim Zahlungssystem notwendig, und die Herausgabe von Zahlungsinformationen an öffentliche Institutionen ist nur in Ausnahmefällen möglich.

WARUM IST UNSERE UTOPIE (NOCH) NICHT GELDFREI

Das Thema Geld wird in vielen Kreisen sehr emotional verhandelt: Einige halten Geld für die Basis allen Übels, einige sehen darin ein praktisches neutrales Tauschmittel und wieder andere lehnen die Tauschwirtschaft an sich ab. Diese Argumentationen werden zusätzlich oft davon überlagert, dass die Kritik an Geld und Zins teilweise antisemitische Narrative nutzt.

Die Debatte um den Sinn und Unsinn von Geld tauchte auch immer wieder in den Diskussionen zu unserer Vision auf. Wir haben uns aus verschiedenen Gründen dazu entschieden, keine geldfreie Vision zu skizzieren: An vielen Stellen unserer Welt im Jahr 2048 wird klar, dass sie kein Endpunkt einer Utopie ist, sondern eine Übergangsphase mit Widersprüchen. Dementsprechend haben wir uns auch beim Thema Geld dafür entschieden, dass es dieses zwar noch gibt, seine Bedeutung aber geringer ist und seine Nutzung durch demokratische Kontrolle in den Dienst der Bedürfnisbefriedigung gestellt wird. Gleichzeitig beschreiben wir aber auch Bereiche, die über das Konzept des Tauschs hinausgehen und somit auch gut ohne Geld auskommen.

Insgesamt hat bis zum Jahr 2048 die Bedeutung von Geld und allem, was damit zusammenhängt (Lohnarbeit, Tauschlogik, Steuern usw.), kontinuierlich abgenommen. Dagegen hat die Bedeutung von geldfreien Formen der gesellschaftlichen und gemeinschaftlichen Kooperation kontinuierlich zugenommen. Der Prozess ist nicht abgeschlossen, sondern Menschen entscheiden sich – durchaus auch an verschiedenen Orten unterschiedlich – in welchen Bereichen und wie stark sie Geld in ihrem Leben einen Platz einräumen wollen oder nicht. Das Entscheidende ist: Nicht Märkte und Geld bestimmen, wie Menschen leben, sondern Menschen bestimmen, ob und wie Geld und Märkte eingesetzt werden.

Wohin fließt das Geld und wer entscheidet das?

Geld wird – vor allem in elektronischer Form – direkt von der demokratischen und öffentlichen Zentralbank geschöpft („digital cash") und an die vielfältigen Banken weitergegeben oder gesellschaftlich über die demokratischen Wirtschaftsakteure ausgegeben.

▸2 Demokratie ▸3 Wirtschaft

Die Zentralbank ist grundlegend demokratisch kontrolliert, hat aber eine gewisse Unabhängigkeit, um so ihre Politik am Wohlergehen aller Menschen auszurichten. Alle Posten rotieren, Rechenschaftspflicht und Transparenz bestimmen ihre Arbeit. Das Zahlungssystem ist also öffentlich und sicher – seit der großen Banken- und Finanzkrise in den 2020er Jahren gab es keine größere Pleitewelle mehr.

In einigen Bereichen finanziert die öffentliche Hand direkt notwendige und zukunftsweisende Ausgaben. So investiert die kommunale Gesundheitsgenossenschaft beispielsweise in transnational kooperierende Forschung zu Antibiotika. In anderen Bereichen wird das Instrument der Kreditlenkung genutzt, um die Finanzen für grundlegende Zukunftsaufgaben zu sichern – so haben beispielsweise europäische Finanzräte in den 2020er Jahren Kriterien festgelegt, die eine Finanzierung des Baus post-fossiler Energieversorgung ermöglichen.

▸ Transformation

Die allgemeine demokratische Investitionslenkung und Kreditvergabe ist Aufgabe der vielfältigen Banken und Finanzgenossenschaften, um so eine dezentrale, resiliente und subsidiäre Wirtschaft zu stärken.

Die Kernaufgabe der Banken ist das Verwalten und sinnvolle Einsetzen von Ersparnissen; Banken können selbst kein Geld schöpfen. Neben einer Hauptwährung, in der die überregionalen Transaktionen abgewickelt werden, gibt es auch selbstorganisierte demokratische Komplementärwährungen – regionale Währungen, die auf lokale Kreisläufe abzielen. Einige Menschen und Nachbarschaften arbeiten mit Zeit-Tausch-Systemen. Und natürlich geschieht vieles einfach ohne Geld. Für viele Menschen stellen Beitragsökonomien einen wichtigen Teil ihrer gesellschaftlichen Beteiligung dar; sie Arbeiten für Projekte, die sie sinnvoll finden und erhalten das, was andere herstellen und tun. ▸3 Wirtschaft

Eine globale Ausgleichsunion für Währungen

Zwischen Währungsräumen gibt es eine globale Ausgleichsunion. So lassen sich bei fixen Wechselkursen und mit einer internationalen Verrechnungswährung Überschüsse und Defizite zwischen den Währungsräumen kooperativ bearbeiten und krisenhafte Ungleichgewichte vermeiden.

Das Ziel ist dabei vor allem die globale Angleichung von Lebensstandards. Dies beinhaltete in den 2020er Jahren auch, Ländern des Globalen Südens internationale Schulden zu erlassen. Zudem geht es um wirtschaftliche Subsidiarität und Stabilität – was auch heißt, dass Währungsräume ungefähr soviel ausführen, wie sie einführen. Einzelne Regionen führen zeitweise Kapitalverkehrskontrollen ein, wenn dies notwendig ist. Wegen strikter Obergrenzen für den Besitz von Währungen gibt es aber keine Spekulation mit Devisen mehr, die früher oft zu katastrophalen Krisen geführt hatte.

2020

WAS ES SCHON GIBT

Bürgerbewegung Finanzwende
Kämpft in Zusammenarbeit mit der europäischen Finance Watch gegen den Einfluss der Finanzlobby und dafür, die Finanzindustrie in den Dienst der Gesellschaft zu stellen.

‣ **finanzwende.de**

Monetative e.V.
Veranstaltungen und Veröffentlichungen für ein stabiles, gerechtes und nachhaltiges Geldsystem.

‣ **monetative.de**

Entwicklung braucht Entschuldung e. V.
Kampagnen dafür, dass den Lebensbedingungen von Menschen in verschuldeten Ländern mehr Bedeutung beigemessen wird als der Rückzahlung von Staatsschulden.

‣ **erlassjahr.de**

Wissenschaftliche Arbeitsgruppe Nachhaltiges Geld
Beleuchtet in Bildungs-, Wissenschafts- und Öffentlichkeitsarbeit Aspekte von Geld und Finanzen unter den Aspekten sozialer und ökologischer Nachhaltigkeit.

‣ **geld-und-nachhaltigkeit.de**

Weltwirtschaft, Ökologie und Entwicklung (WEED)
Kampagnen für eine global gerechte Steuer-, Handels- und Investitionspolitik.

‣ **weed-online.org**

Und wie kamen wir dahin?

Die Frage „In welcher Gesellschaft wollen wir leben?“ ist leichter zu beantworten als die Frage „Und wie kommen wir dahin?“. Warum? Um zu einer Gesellschaft zu kommen, wie wir sie in dieser Vision einer **Zukunft für alle** skizzieren, muss sich in fast allen Bereichen und auf verschiedenen Ebenen Vieles ändern. Da fällt es schwer, sich auch nur vorzustellen, wie das geschehen kann. Und vielleicht noch entscheidender: Einige Menschen sehen keine Notwendigkeit für solche Veränderungen oder verhindern diese, weil sie durch existierende Machtstrukturen von den derzeitigen Verhältnissen profitieren; andere haben nicht ausreichend gesellschaftliche Macht, um die Veränderungen auch durchzusetzen. Das zeigt sich an den enormen Widerständen, die selbst bei verhältnismäßig kleinen Umbrüchen wie dem Braunkohleausstieg sichtbar werden.

Aktuell fehlen hierzulande (partei-)politische Mehrheiten oder ausreichend starke soziale Bewegungen für solch grundlegende Gesellschaftsveränderungen, wie sie in dieser Vision dargestellt werden. Aber das muss ja nicht so bleiben.

Die Transformation!

Du schreibst Geschichte...

Menschen machen Geschichte – immer unter den Bedingungen, die sie vorfinden. Gesellschaften verändern sich, bestehende Strukturen und auch Machtstrukturen können aufgebrochen und transformiert werden. Dinge, die früher unvorstellbar erschienen, werden Realität. Veränderung beschleunigt sich immer wieder – manchmal auch durch Krisen. Und: im Vorhinein können wir nicht wissen, welche Richtung diese Verän-derung nimmt.

Auch wenn der Fokus unseres Projekts auf der Frage liegt, wie eine **Zukunft für alle** aussehen könnte, haben wir in den Zukunftswerkstätten ebenfalls intensiv darüber nachgedacht, welche Transformationswege zu dieser Vision hinführen. Im folgenden Abschnitt versuchen wir, einige Schlaglichter dieser Debatten aufzuschreiben. Dies ist – wie alles in dieser Vision – vor allem eine Denkübung und eine Einladung zur kritischen Diskussion und Weiterentwicklung. Denn natürlich weiß niemand, wie die Transformation wirklich vonstatten gehen wird. Aber eins wissen wir: Es liegt an uns allen.

Wie verändert sich Gesellschaft?

Gesellschaftsveränderungen werden durch viele unterschiedliche Menschen, Organisationen und Netzwerke vorangetrieben, die verschiedene Strategien und Interessen verfolgen. Das zeigen historische Studien zur Abschaffung der Sklaverei, zur Einführung des Frauenwahlrechts oder zu den Möglichkeiten, Utopien umzusetzen (siehe Box rechts). Gesellschaftlicher Wandel wird nicht nur durch die Politik vorangetrieben – er kann von allen ausgehen. Von Menschen in sozialen Bewegungen, Medien, Pionier*innen, Verbraucher*innen, Wissenschaftler*innen, Gewerkschaften, Eltern, Künstler*innen, Lehrer*innen, Schüler*innen – von uns allen. Grundlegende Veränderungen sind möglich, wenn viele verschiedene Akteur*innen in die gleiche Richtung arbeiten.

Dabei können und müssen sich verschiedene Strategien ergänzen. Anknüpfend an den Transformationsforscher Erik Olin Wright halten wir drei davon für zentral.

Zum einen erproben Menschen jenseits von Markt und Staat veränderte Institutionen, Infrastrukturen oder Organisationsformen. Diese *Freiräume* – von der Solidarischen Landwirtschaft über den selbstorganisierten Kinderladen bis hin zu Genossenschaftsbetrieben – sind Labore, in denen andere Formen des Wirtschaftens und Zusammenlebens eingeübt werden. Sie entstehen innerhalb und trotz der alten Strukturen, nehmen aber ein zukunftsfähiges Gesellschaftssystem im Kleinen vorweg. Freiräume verändern Menschen und unsere Wünsche, stellen Lernräume dar und können in Kombination mit den anderen Strategien qualitative Veränderungen sozialer Systeme nach sich ziehen. ⟶

→ Eine zweite Strategie setzt bei heutigen Strukturen, Institutionen und Gesetzen an und versucht diese schrittweise zu verändern. Wenn diese politischen Reformen dabei über das aktuell vorherrschende Gesellschaftssystem hinausweisen und weitere Transformationen begünstigen, lassen sie sich als *revolutionäre Realpolitik* beschreiben. So zum Beispiel bei Politiken für eine allgemeine Verkürzung der Erwerbsarbeitszeit, radikale Umverteilung von Einkommen und Vermögen, kommunale Mitbestimmung oder ein Grundeinkommen.

In einer dritten Strategie geht es darum, *Gegenmacht* aufzubauen. Denn andere Wirtschaftsstrukturen von unten zu entwickeln und grundlegende Reformen zu erreichen braucht nicht nur Mehrheiten in der Bevölkerung, sondern auch die konkreten Mittel, Ressourcen und gesellschaftliche Macht, um die dafür notwendigen Veränderungen durchzusetzen. Grundlegende Gesellschaftstransformationen sind nur möglich, wenn sich die vielfältigen Akteur*innen – von den Medien über Parteien bis hin zu ökonomischen Pionier*innen – zusammenschließen, um zukunftsweisende Bündnisse zu schmieden und Diskurse zu verschieben. Also eine Weltsicht zu verbreiten, die für eine **Zukunft für alle** jenseits von Herrschaftsverhältnissen steht, und diese gemeinsam zu erkämpfen: inklusiv, feministisch, antirassistisch, dekolonial, ökologisch, demokratisch, erreichbar. Hierfür müssen Auseinandersetzungen in den Köpfen und zwischenmenschlichen Beziehungen, auf den Straßen, in den Betrieben, Krankenhäusern und Parlamenten geführt werden.

All diese Strategien müssen dabei an den gesellschaftlichen Entwicklungen ansetzen, die zum jeweiligen Zeitpunkt stattfinden und oft krisenhaft verlaufen. Wie wir in der Einleitung geschrieben haben, zeigt auch die Corona-Krise, wie stark Krisen Gesellschaften verändern – und dabei manchmal auch Möglichkeitsfenster für eine Zukunft für alle sein können, wenn sie genutzt werden.

LITERATUR ZU GESELLSCHAFTSVERÄNDERUNG

Akuno, Kali, und Ajamu Nangwaya. Ottawa: Daraja Press, 2017.
Jackson Rising: The Struggle for Economic Democracy and Black Self-Determination in Jackson, Mississippi.

Brie, Michael. Berlin: Karl Dietz Verlag, 2009.
Radikale Realpolitik – Plädoyer für eine andere Politik.

Göpel, Maja. Berlin: Ullstein, 2020.
Unsere Welt neu denken: Eine Einladung.

Luxemburg, Rosa. Berlin: Manifest, 2019.
Massenstreik, Partei und Gewerkschaften.

Muraca, Barbara. Berlin: Verlag Klaus Wagenbach, 2014.
Gut leben. Eine Gesellschaft jenseits des Wachstums.

Polanyi, Karl. Frankfurt am Main: Suhrkamp, 1973.
The Great Transformation: Politische und ökonomische Ursprünge von Gesellschaften und Wirtschaftssystemen.

Schneidewind, Uwe. Frankfurt am Main: Fischer, 2018.
Die Große Transformation: Eine Einführung in die Kunst gesellschaftlichen Wandels.

Scheidler, Fabian. Wien: Promedia, 2016.
Das Ende der Megamaschine: Geschichte einer scheiternden Zivilisation.

Sutterlütti, Simon, und Stefan Meretz. Hamburg: VSA, 2018.
Kapitalismus aufheben: Eine Einladung, über Utopie und Transformation neu nachzudenken.

Wissenschaftlicher Beirat der Bundesregierung Globale Umweltveränderung. Berlin: WBGU, 2011.
Welt im Wandel: Gesellschaftsvertrag für eine Große Transformation.

Wright, Erik Olin. Berlin: Suhrkamp Verlag, 2017.
Reale Utopien: Wege aus dem Kapitalismus.

Die Megatrends

In unserer Vision wurde die Entwicklung durch fünf Megatrends bestimmt, die sich gegenseitig bedingen, beeinflussen und miteinander verschränkt sind. Gehen wir ihnen in einem **Bericht aus der Zukunft** nach.

2020

Finanzen

58 Tageszeitungen weltweit berichten über den größten Finanzskandal der Geschichte, aufgedeckt durch einen Whistleblower, der früher selbst Finanzlobbyist war. Die weltweite Empörung führt zu einer wachsenden Bewegung, die sich erfolgreich für effektive Finanzmarktregulierungen und gegen Lobbyismus einsetzt.

2021

Wohnen

Der Immobilienkonzern Deutsche Wohnen *wird enteignet und zum Präzedenzfall für andere Städte. London, Frankfurt, New York und Jakarta folgen.*

Finanzen

Die Testphase der von der schwedischen Reichsbank eingeführten E-Krona, der ersten offiziellen digitalen Vollgeldwährung, endet positiv. Sie wird als Nationalwährung eingeführt. Andere Länder folgen, zuerst Kanada und Island. Dies eröffnet weltweite Reformen für demokratisch kontrollierte Geldsysteme.

Technik

*Inspiriert von Klima-Aktionen und katalysiert durch die Corona-Pandemie entwickelt die Hacker*innen- und Nerdszene zivilen digitalen Ungehorsam: durch den »No-Facebook-Friday« wird Druck auf digitale Medien für mehr Datenschutz und Werbeverbote aufgebaut.*

Ernährung & Landwirtschaft

Community Organizing *wird als Modell für die Organisierung im Landwirtschaftsbereich eingesetzt, wodurch Bäuer*innen, soziale Bewegungen und lokale Bevölkerung zusammenkommen. Sie veranstalten u.a. Schnippeldiskos, öffentliche Brotzeiten, Ausflüge zu Erzeuger*innen und schaffen den beliebten Podcast »Lebensmittelpunkt im Ohr«.*

Wirtschaft

Der deutsche Bundestag verabschiedet das während der Corona-Krise kurzzeitig fallen gelassene Lieferkettengesetz und zwingt damit Konzerne, Verantwortung für ihr Handeln zu übernehmen. Es findet anschließend weltweit Nachahmung und hilft so, faire Arbeitsbedingungen und ökologische Produktion durchzusetzen.

Globale Umverteilu

Abbau von Diskriminierung & Herrschaft

Transformation der Wirtschaft

Mal angenommen, die Entwicklung nimmt die denkbar beste Richtung: Wie sind wir dann vom Frühjahr 2020 bis zur Zukunft für alle im Jahr 2048 gekommen?

Ökologische Transformation

Selbstbestimmung & Demokrtisierung

2022

Soziale Garantien

Das bedingungslose Grundeinkommen wird in drei europäischen Ländern und Neuseeland eingeführt. Eine umfassende Studie kommt fünf Jahre später zu dem Schluss, dass es in 90% der Fälle zu einer Verbesserung der Lebenssituation geführt hat. Australien und die restlichen europäischen Länder ziehen daraufhin nach.

Energie & Klima

*Durch Vertreter*innen der Postwachstumsbewegung und einen Zusammenschluss namhafter Klimawissenschaftler*innen kommt Suffizienz (also das Leben nach dem richtigen Maß) als Klimaschutzmaßnahme ins öffentliche Gespräch. Zwei Jahre später haben einige Regierungen bereits längere Garantiezeiten und Werbeverbote erlassen.*

Bildung

*Schüler*innen und Lehrer*innen rufen im Herbst Streikmonate aus, in denen sie selbstorganisiert ihren Interessen und ihrer Neugier nachgehen.*

Wohnen

Zusammenbruch des Wohnungsmarktes in Europa aufgrund von Spekulation und Mietrückgängen. Zahlreiche Besetzungen, Widerstand gegen Zwangsräumungen und Gründung von Wohnräten. Viele Wohnungen werden in kommunale Hand, Genossenschaften und Nachbarschaften überführt.

Umwelt

Das Umweltbundesamt berichtet, dass die umweltschädlichen Subventionen in Deutschland von 57 Milliarden Euro auf 340 Millionen Euro gesunken sind.

Ernährung & Landwirtschaft

Land schafft Verbindung *und* Wir haben es satt *schließen sich zu einer Demo zusammen und bringen 500.000 Menschen für eine soziale und ökologische Landwirtschaft auf die Straßen Berlins. Einige Monate später folgen Blockaden von Futtermittelhäfen.*

Bewegungsfreiheit

Die Mauer zwischen Mexiko und den USA wird vollendet und innerhalb von zwei Monaten von Geflüchteten wieder durchbrochen.

Technik

Die Kampagne »public money – public good« wird auf EU-Ebene in Gesetzesform gegossen: proprietäre Software wird in öffentlichen Einrichtungen verboten und Open Source Software gefördert.

Energie & Klima

Fridays for Future, Extinction Rebellion *und* Ende Gelände *schließen sich in Europa zusammen und starten eine großflächige Kampagne zivilen Ungehorsams gegen fossile Infrastruktur und für eine andere Zukunft für Kohlearbeiter*innen.*

Bewegungsfreiheit

*Die nach massiven Protesten neu gewählte Regierung in Tunesien führt für EU-Bürger*innen eine Visa-Gebühr von 250 Euro ein, um Druck auszuüben für Grenzöffnungen zur EU.*

2023

Energie & Klima

*Die ehemaligen Braunkohlegebiete schließen sich zur Versuchsregion »Gutes Leben« zusammen und bestehen auf demokratischer Gestaltung ihrer Region durch Bürger*innen-Foren.*

Arbeit

Der erste europaweite feministisch-migrantische Streik im Pflegesektor fordert bessere Arbeitsbedingungen und Bezahlung und tritt eine gesellschaftliche Debatte los.

Bildung

*Lehrer*innen verkürzen den Stundenplan. Sie unterrichten nur noch drei Stunden in der Woche und begleiten darüber hinaus die Schüler*innen bei ihren Projekten.*

Ernährung & Landwirtschaft

Der Film Anukta and Simon – food superheroes, *in dem zwei Bäuer*innen und ihr Kampf für sozial-ökologische Landwirtschaft gezeigt werden, wird ein Welterfolg mit über 500 Millionen Zuschauer*innen.*

Wohnen

Bestehende Alternativen im Wohnbereich machen vermehrt Öffentlichkeitsarbeit und werden durch Führungen sichtbarer.

Finanzen

Im Bündnis By 2025 we rise up *blockieren finanzpolitische Gruppen zusammen mit* Fridays for Future *für eine Woche den Frankfurter Finanzdistrikt, um zu zeigen, dass Systemwandel der einzige Ausweg aus der Klimakatastrophe ist.*

Technik

Die 1000. offene Werkstatt Deutschlands, in der Menschen selber basteln, bauen und reparieren können, wird eröffnet.

Ernährung & Landwirtschaft

Weltweit sind kooperativ geführte Lebensmittelläden und solidarische Landwirtschaften auf dem Vormarsch, der Trend zum Supermarkt wird umgekehrt.

2024

Mobilität

Massive Proteste zur Urlaubssaison blockieren Flug- und Schiffshäfen in ganz Europa. Unter den Demonstrierenden finden sich auch Wolfgang Schäuble und Edmund Stoiber, die durch einen Generationenvertrag mit ihren Enkelkindern umgedacht haben.

Wohnen

Das Recht auf Wohnraum wird gesetzlich verankert: Ab jetzt ist niemand mehr obdachlos, alle Menschen, die sich länger in Deutschland aufhalten, haben Anspruch auf Wohnraum.

Globale Umverteilung

Eine der wichtigsten Entwicklungstendenzen zwischen 2020 und 2048 war, dass die Welt zunehmend gerechter wurde. Während die Verteilung von Vermögen, Ressourcen, Macht, Wohlstand und Lebenschancen 2020 noch extrem ungleich war, hat sie sich bis zum Jahr 2048 auf allen Ebenen ungefähr angeglichen – und zwar sowohl innerhalb von Gesellschaften als auch global zwischen verschiedenen Regionen und Erdteilen.

Diese Umverteilungs- und Aneignungsprozesse sind nicht linear und konfliktfrei abgelaufen, es gab immer wieder Rückschritte und harte Auseinandersetzungen. Vorangetrieben wurde der Trend vor allem durch soziale Bewegungen aus dem Süden. Unter dem Slogan „Ihr lebt nicht weiter auf unsere Kosten!" vernetzten sie sich zunehmend und stellten die globale Machtverteilung in Frage. Sie arbeiteten eng mit den antirassistischen und (Klima-)Gerechtigkeitsbewegungen aus dem Norden zusammen, die Rassismus, kapitalistischen Wettbewerb und die imperiale Lebensweise kritisierten. Eine gestärkte internationale solidarische Gewerkschaftsbewegung stellte die Arbeitsbedingungen im globalen Süden in den Fokus und erreichte die gesetzliche Verschärfung von sozialen Regulierungen. Sie nahm zunehmend ausbeuterische transnationale Konzerne in den Fokus ihrer Aktionen. (Neo-)Koloniale Ausbeutung, ökologische Zerstörung und Menschenrechtsverletzungen, die als Voraussetzung von „Wohlstand" galten, wurden sichtbar gemacht und kritisiert. →

→ Die stärker werdenden dekolonialen Bewegungen brachten in vielen Ländern des Südens Regierungen an die Macht, die unfaire globale Handelsabkommen außer Kraft setzten und globale Bewegungsfreiheit einforderten. In enger Kooperation ersetzten sie die globale Hegemonialmacht des Westens. An ihre Stelle traten nicht neue Supermächte, sondern eine solidarische globale Politik, eine Vertiefung von weltweiter Demokratie, ein fairer internationaler Handel und eine grundsätzliche Friedenspolitik. Die Zahl der Kriege und bewaffneten Konflikte sank – durch Abrüstungsabkommen und Produktionsverbote wurden Waffen weitgehend verbannt. Grenzen wurden für Personen nach und nach geöffnet. Zuerst, weil sich Menschen das Recht auf Bewegungsfreiheit nahmen und dabei durch Netzwerke von solidarischen Städten unterstützt wurden, die diese aufnahmen, dann ab Ende der 2020er Jahre auch durch politische Abkommen.

Überall auf der Welt setzten sich radikale Umverteilungspolitiken durch: sozial-ökologische Steuerreformen, Vermögensabgaben und hohe Erbschaftssteuern. Zentral waren auch ein umfassender Schuldenschnitt und Entschuldungen, zuallererst der Länder des globalen Südens. Es kam – besonders in Krisensituationen – immer wieder zu Wellen von sozialen Aneignungsprozessen, in denen Beschäftigte Betriebe übernahmen, Bäuer*innen sich das Land aneigneten, auf dem sie arbeiteten, und Menschen Wohnraum besetzten. Die ursprünglichen Eigentümer*innen wehrten sich zwar anfangs juristisch dagegen, fügten sich aber dann in die neuen Verhältnisse – teilweise unter Vermittlung lokaler anerkannter Instanzen oder der Aushandlung von angemessenen Entschädigungen. An vielen Orten folgten Versöhnungskommissionen. Progressive Regierungen, die mehr Gleichheit umsetzten wollten, sicherten dies rechtlich ab. Um die über Jahrhunderte aufgehäufte koloniale und Klimaschuld auszugleichen, die einer gerechten Verteilung und gleichen Lebenschancen im Wege standen, wurden auch Reparationen an den globalen Süden ausgehandelt – in finanzieller Form, als Übergabe von Produktionsmitteln sowie als Zugang zu Wissen und Technologien. Diese Umverteilungsmaßnahmen und Aneignungsprozesse ermöglichten den kontinuierlichen Ausbau sozialer Garantien für alle.

Ernährung & Landwirtschaft

Massentierhaltung wird unter dem zweiten grünen Landwirtschaftsminister in Deutschland verboten, woraufhin binnen sechs Jahren die restliche EU, China und die USA folgen. Brasilien stellt den Sojaanbau auf ehemaligem Regenwald ein.

Bewegungsfreiheit

Über 1000 Städte weltweit erklären sich zu »Sicheren Häfen«. Sie setzen eigene Schiffe ein und retten damit tausende Menschenleben.

Technik

Die neue öko-soziale Regierung in den USA überführt die großen digitalen Konzerne Amazon, Apple, Google *und* Facebook *in öffentlich-demokratisches Eigentum und teilt diese in kleinere Betriebe auf; gleichzeitig führt Divestment dazu, ähnlich schädlichen Start-Ups im Silicon Valley das Geld zu entziehen.*

Bewegungsfreiheit

Die dreijährige Kampagne #DefundFrontex *hat dazu geführt, dass die Gelder für die Europäische Agentur für die Grenz- und Küstenwache immer weiter gekürzt worden sind. Ende des Jahres wird sie vollkommen aufgelöst.*

2025

Demokratie

Die Gewerkschaft für Gerechtigkeit gründet sich als Zusammenschluss aus 45 afrikanischen und südamerikanischen Gewerkschaften. Sie spielt in den folgenden Jahren eine Schlüsselrolle im Kampf für bessere Arbeitsbedingungen im globalen Süden.

Energie & Klima

Die Open Source Videokonferenz-Plattform V_Conf *errechnet, dass durch ihre Videokonferenzen statt Dienstreisen etwa 300.000 Tonnen CO2 eingespart wurden.*

Bildung

*Schüler*innen besetzen Rüstungsunternehmen und das Verteidigungsministerium und bewirken schließlich die Halbierung des Militäretats sowie die Umverteilung in den Bildungssektor.*

Mobilität

*Gießen, Göttingen, Freiburg und Hamburg feiern autofreie Wochenenden. Youtuber*innen berichten begeistert von der Straße.*

Wirtschaft

Die Universität Mannheim ist die zehnte Universität Deutschlands, die das Fach Volkswirtschaftslehre durch Plurale Wirtschaftslehre ersetzt.

Wohnen

*Um die Lebensverhältnisse anzugleichen, werden weltweit vernachlässigte Wohngegenden den Bedürfnissen der Bewohner*innen entsprechend ökologisch saniert und umgebaut, wobei der Mietpreis vorher gesenkt oder eingefroren wird. Wenig oder gar nicht genutzer Wohnraum in reichen Nachbarschaften wird umverteilt.*

Arbeit — *Arbeitende haben das Recht auf Sabbaticals, also auf längere Auszeiten vom Job, ohne Jobverlust.*

Ernährung & Landwirtschaft — *Die europäische Agrarpolitik wird komplett auf die Förderung biologisch und regional orientierter Landwirtschaft umgestellt, mit kleinbäuerlichem Schwerpunkt. Der Export europäischer Nahrung ist nur noch in Ausnahmefällen möglich, damit keine lokalen Märkte mehr zerstört werden.*

Mobilität — Mercedes-Benz *kündigt betriebsbedingt die Hälfte seiner Mitarbeiter*innen. Über den staatlichen Transformationsfonds werden alle Mitarbeitenden abgesichert. Durch die allgemeine Arbeitszeitverkürzung können alle neue Beschäftigungen finden, viele wechseln in den Sorgebereich.*

Arbeit — *Care-Räte sprießen in zahlreichen Städten aus dem Boden und organisieren Pflegestrukturen vor Ort. Ambulante Versorgung findet seitdem in vielen Stadtvierteln statt.*

Finanzen — *Der nächste Crash wurde politisch genutzt, um große Banken zu vergesellschaften oder abzuwickeln, Geschäfts- und Investitionsbanken zu trennen sowie eine Finanztransaktionssteuer einzuführen und Derivate zu verbieten.*

Bewegungsfreiheit — *Mehrere EU-Mitgliedsstaaten erklären die Seenotrettung zur öffentlichen Aufgabe. Einzelne EU-Mitgliedsstaaten werden für ihre Grenzpolitik der letzten Jahrzehnte verklagt und zur Rechenschaft gezogen.*

Technik — *Öffentliches Geld gibt es nur noch für offene Codes und gemeinwohlorientierte bzw. genossenschaftliche Organisationen.*

2026

Energie & Klima — *Die Klimaverhandlungen werden so massiv durch Proteste gestört, dass sie von Budapest nach Johannesburg verlegt werden. Nachdem es auch dort zu massiven Protesten kommt, werden sie abgebrochen. Über die nächsten Jahre entsteht aus dem Austausch zwischen Wissenschaft, Politik und sozialen Bewegungen der Globale Rat für Zukunftsfähigkeit.*

Arbeit — *Der* #AltenpfleGeheimSkandal *geht viral und macht auf die prekäre Situation für Angestellte und ältere Menschen in den Altenheimen aufmerksam.*

Bildung — *Die ersten Häuser des Lernens werden in Thüringen eröffnet und werden Modellprojekte für die Bildungslandschaft der Zukunft.*

Ökologische Transformation

Das Ausmaß an Umweltzerstörung ist zurückgegangen, besonders in den 2020er Jahren. Der Ressourcenverbrauch wurde stark gedrosselt und die Belastung von Ökosystemen durch Treibhausgase und chemische sowie andere Schadstoffe verringert. In vielen Gebieten nahm die Artenvielfalt bei Tieren und Pflanzen wieder zu – Renaturierung, ökologische Nutzung und die Ausweisung von Naturschutzgebieten durch die lokale Bevölkerung spielten dabei wichtige Rollen. Landwirtschaft und Stadtplanung änderten völlig ihre Perspektive – das Label „Bio“ verschwand in Europa, denn pestizidfreie Landwirtschaft ohne fossilen Dünger wurde die neue Normalität. Die Fruchtbarkeit der Böden nahm durch neue Formen der Bewirtschaftung zu statt ab. Stadtgrün wurde als Lebensraum und essbare Landschaft neu gestaltet. Dadurch veränderten sich gesellschaftliche Naturverhältnisse grundlegend – den Menschen wurde klar, dass sie Teil einer Mitwelt sind, in der sie leben und für die sie Sorge tragen, statt sie auszubeuten.

Für viele dieser Entwicklungen wurden 2020 schon die Grundbausteine gelegt. So hatte sich eine breite Klimagerechtigkeitsbewegung gebildet, die durch Schulstreiks, zivilen Ungehorsam und politische Forderungen Einfluss nahm. Währenddessen wurde die Klimakatastrophe ein großes Thema für viele Menschen – nicht zuletzt wegen der spürbaren Veränderungen, z.B. durch heiße und trockene Sommer oder Extremwetterereignisse. Dadurch erkannten auch die Bäuer*innenverbände die Problematik, veränderten ihre Lobbyarbeit und damit in der Folge auch die Landwirtschaftssubventionen. Vielerorts wurden Experimente eines umweltgerechten Wirtschaftens und Lebens ausprobiert, durch steuerrechtliche Rahmenbedingungen begünstigt und erreichten so immer mehr Menschen. Schließlich büßten die Verfechter*innen einer umweltzerstörenden Praxis, allen voran die fossilen Energieversorgungsunternehmen und die Automobilindustrie, viel von ihrem Rückhalt in der Bevölkerung und ihrer politischen Macht ein. ⟶

→ Soziale Bewegungen und einzelne Parteien forderten in dieser Ausgangssituation mehr soziale und ökologische Maßnahmen. Sie erkannten an, dass die nichtmenschliche Mitwelt und soziale Gerechtigkeit nicht weiter gegeneinander ausgespielt werden durften. So forderten Bündnisse aus Umwelt-, Klima-, Anti-Rasissmus-, Ernährungssouveränitäts-Gruppen, FLINT*-Netzwerken, Gewerkschaften und viele andere zusammen nicht nur autofreie Innenstädte und ein Ende der Kohle, sondern auch sozial gerechte Übergänge für die Arbeiter*innen der fossilen Industrie und der Autoindustrie. Diese Forderungen weiteten sie auf das gesamte Sozial- und Erwerbssystem aus.

Soziale Sicherung und eine Umverteilung von Arbeit ermöglichten endlich die Umsetzung von Umweltpolitiken, die lange den Zielen des Wirtschaftswachstums, der Vollbeschäftigung und der nationalen Wettbewerbsfähigkeit geopfert worden waren. Das Ergebnis war eine umweltgerechte Umgestaltung der Wirtschaft, die in vielen Teilen schon 2030 abgeschlossen war – weg von ressourcenintensiver Produktion hin zu Kreislaufwirtschaft, ökologischer Landwirtschaft und gerechter Verteilung.

Demokratie

Bremen wird zur ersten rebellischen Stadt in Deutschland und führt demokratische Nachbarschaftsstrukturen ein.

Arbeit

*Große Demonstration mit 5.000 Rollstuhlfahrenden und Senior*innen blockieren den Stern in Berlin.Gefordert werden mehr Selbstbestimmung und Autonomie in der Pflege sowie ein Ende der Altersarmut.*

Wohnen

Ein internationaler Pakt für nachhaltige Investitionen verbietet Landgrabbing, führt zur Rückgabe von Land an die lokale Bevölkerung und zu Ausgleichszahlungen. Weltweit wird der Trend der Landflucht durch die Möglichkeit, selbst Land zu bewirtschaften, umgekehrt.

Bewegungsfreiheit

We'll Come United *Demonstration in allen europäischen Großstädten gleichzeitig – in Berlin kommen über eine Million Menschen zusammen.*

Wirtschaft

Die Regierungen in Europa und den USA vergesellschaften großflächig Unternehmen. Darunter unter anderem große Immobilienkonzerne und Energieversorger. Deren Gewinne und Rücklagen werden genutzt, um Umweltschäden zu mildern und jene Regionen zu unterstützen, die schon sehr unter dem Klimawandel litten.

2027

Bewegungsfreiheit

Das Netzwerk solidarischer Städte umfasst mehr als die Hälfte aller größeren Städte Europas und Nordafrikas.

Arbeit

*Die Pflegeversicherung wird eingestampft. Alle Dienste werden durch die Bürger*innenversicherung, in die alle Menschen einzahlen, abgedeckt.*

Bildung

Ein neuer Lernplan integriert in Finnland, Indien und Argentinien digitale Kernkompetenzen und kritischen Umgang mit Onlinemedien. Ähnliches wird bis 2040 in alle Lernpläne weltweit übernommen.

Finanzen

Eine weltweite zivilgesellschaftliche Kampagne für Reparationen statt Schulden gipfelt in einer viertägigen Blockade der Jahrestagung des Internatioanlen Währungsfonds. In den folgenden Monaten werden 80% aller internationalen Schulden erlassen und ein umfassendes Programm für Ausgleichszahlungen für Klimaschuld und koloniale Ungleichheit vereinbart.

Ernährung & Landwirtschaft

Gesunde Ernährung, Landwirtschaft und Lebensmittelverarbeitung wird in den neu gegründeten Häusern des Lernens zu einem zentralen Lernschwerpunkt.

Handel

Der Verbund kaffeeproduzierender Länder setzt progressive Handelsbedingungen für Kaffee, Tee und Schokolade durch. Diese werden nur noch unter ökologischen und sozialen Höchstkriterien zu deutlich höheren Preisen gehandelt und deutlich mehr lokal konsumiert.

Wohnen

*Der von Recht-auf-Stadt-Gruppen in Zusammenarbeit mit Wissenschaftler*innen formulierte Kriterienkatalog zur Wohnungsplatzvergabe wird von deutschen Kommunen übernommen. So kann Wohnraum nach Bedürfnissen und nicht nach Einkommen und Zufall vergeben werden.*

Wirtschaft

Im Rahmen einer globalen Kampagne, zunehmender Klagen gegen Konzerne und weltweit koordinierter Streiks werden zuerst Shell, dann weitere transnationale Konzerne in den Bankrott gezwungen.

2028

Finanzen

UNCTAD, *die* Gruppe der 77 *und die* EU *einigen sich auf einen 20-Jahresplan zur Finanzierung der globalen sozial-ökologischen Transformation. Dieser beinhaltet auch Reparationen an Regionen, die besonders vom Klimawandel betroffen sind.*

Technik

Eine neue EU-Novelle zum Datenschutz kommt Forderungen der Zivilgesellschaft nach und verbietet den Handel mit privaten Daten.

Bildung

*Zukunftsgestaltung wird wird zu einem Schwerpunkt der Bildungspläne. Schüler*innen lernen, wie Proteste organisiert und demokratische Beteiligung gelebt werden können.*

Mobilität

Münster, Mönchengladbach, Kiel und zehn weitere deutsche Städte beginnen den Bau einer Straßenbahn.

Gesundheit & Teilhabe

Pflege- und Altenheime sind weitgehend obsolet, Menschen leben in Wohngemeinschaften oder allein und werden dort versorgt.

2029

Demokratie

*Die AfD wird als letzte rechtsradikale Partei aus einem Kommunalparlament in Bad Haningen gewählt. Seitdem haben Rassist*innen und Rechtsradikale nie wieder einen Fuß in Parlamente bekommen.*

Transformation der Wirtschaft

Die gesamte Wirtschaft – also die Art und Weise, wie Menschen produzieren und verteilen – wurde in den vergangenen 30 Jahren grundlegend transformiert, demokratisiert und neu ausgerichtet. Durch die Demokratisierung der Wirtschaft veränderte sich nicht nur die Rolle der Märkte, sondern die Grundlagen des Wirtschaftens wurden neu definiert. Zentral ist heute die Bedürfnisbefriedigung aller Menschen, ohne auf Kosten anderer zu leben.

Diese Transformation bestand im Kern aus drei parallel laufenden und noch nicht abgeschlossenen Entwicklungen: Erstens wurde die Dominanz von Märkten und Marktlogiken immer weiter zurückgedrängt. Märkte existieren nur noch in Bereichen, in denen Menschen demokratisch entschieden haben, dass sie (noch) sinnvoll sind. Die verbleibenden Märkte wurden durch politische Regulierungen und demokratische Betriebsformen auf die Befriedigung von Bedürfnissen und das Gemeinwohl ausgerichtet. Zweitens wurden immer mehr Bereiche, die für ein gutes Leben und gesellschaftliche Teilhabe notwendig sind, als allgemeine, allen zugängliche und öffentliche Daseinsvorsorge organisiert. Drittens entstanden immer mehr selbstorganisierte Alternativen, die nach den Prinzipien der solidarischen Landwirtschaft oder als Beitragsökonomien ohne Marktprinzipien und teilweise geldfrei nach dem Motto „Beitragen statt Tauschen" funktionierten.

Im Lauf der Zeit – und vor allem seit den späten 2030er Jahren – hat sich die Gewichtung immer weiter Richtung selbstorganisierter Commons und weg von Märkten verschoben. Zentral für alle drei Entwicklungen war eine grundlegende Veränderung der Eigentumsverhältnisse, so dass Anfang der 2040er Jahre alle wichtigen Produktionsmittel und größeren Vermögen vergesellschaftet waren: Sie werden heute demokratisch von Kommunen, Städten, Kooperativen und anderen rätedemokratischen Gremien verwaltet und ermöglichen, dass die Wirtschaft von allen und für alle ist. ⟶

Ein wichtiger Wendepunkt in den frühen 2020er Jahren waren die Erfahrungen mit der durch die Corona-Pandemie ausgelösten Weltwirtschaftskrise. Die auf Märkte und Freihandel ausgerichtete Wirtschaftslehre, die bis dahin gesellschaftliche Debatten und Politik bestimmt hatte, wurde vom Kopf auf die Füße gestellt. So hieß es zunehmend: Märkte wären nur dann sinnvoll, wenn sie den Menschen und der Umwelt dienten. Wenn nicht, dann sollte die Wirtschaft kooperativ organisiert werden.

Soziale Bewegungen setzten Regierungen unter Druck, wirtschaftliche Rettungsmaßnahmen mit einer grundlegenden Umstrukturierung der Ökonomie zu verbinden. Die feministischen und migrantischen Streiks in den versorgungsrelevanten Sektoren Pflege, Einzelhandel und Gastronomie erreichten gleichberechtigte Bezahlung und bessere Arbeitsbedingungen. Sie läuteten auch intensive Debatten, gesellschaftliche Auseinandersetzungen und das Ende der sexistischen und rassistischen Arbeitsteilung ein. Auch der Zwang zur Lohnarbeit und die Abhängigkeit vom Wachstum wurden kritisiert. Das führte zu einer radikalen Verkürzung der Erwerbsarbeitszeit sowie zum Ausbau der öffentlichen Daseinsvorsorge. Erst führten die Regionen in Italien und Spanien, die besonders von der Corona-Krise betroffen waren, ein Teilhabe sicherndes Grundeinkommen ein, dann ganz Europa. Die Arbeitszeit wurde auf Druck der Beschäftigten und unterstützt von den Gewerkschaften immer weiter reduziert. Ab Ende der 2020er Jahre wurde die 20-Stundenwoche zur neuen Vollzeit, bei den unteren Tarifgruppen mit vollem Lohnausgleich.

Alle Banken, Versicherungen und Unternehmen, die staatliche Unterstützungsgelder brauchten, wurden entweder komplett vergesellschaftet oder an starken Gemeinwohlkriterien ausgerichtet. Viele Betriebe, denen die Insolvenz drohte, wurden von den dort Arbeitenden übernommen und als Genossenschaften weitergeführt. Gezielte Infrastrukturkredite für kooperative Unternehmen führten zu einer raschen Ausbreitung der solidarischen Ökonomie. Lokale Versorgungsgemeinschaften machten den Ausstieg aus dem Markt erlebbar. Immer mehr Menschen entdeckten, wie erstrebenswert und selbstverständlich Kooperation und sinnvolles, selbstbestimmtes Tätigsein sind.

Bewegungsfreiheit

Boykottkampagnen und immer mehr direkte Aktionen gegen Abschiebungen durchführende Fluggesellschaften bauen so viel Druck auf, dass alle Fluggesellschaften diese Praxis einstellen. Stattdessen entstehen solidarische Transportunternehmen, die sich darauf spezialisieren, die legalen Spielräume für sichere Transportrouten – auch per Flugzeug – auszubauen.

Handel

Ein allgemeiner Rohstoffstreik – getragen zuerst von der Afrikanischen Union, dann auch von anderen Ländern des Südens – erwirkt ein globales demokratisches Abkommen. Dieses schreibt eine Kreislaufwirtschaft und fairen Rohstoffhandel fest.

Finanzen

Auf Druck des neuen Zusammenschlusses von Ländern des globalen Südens, China und Brasilien wird der Internationale Währungsfonds demokratisiert und eine internationale Ausgleichsunion mit einer tatsächlichen internationalen Währung, dem Bancor 2.0, eingeführt.

2030

Gesundheit & Teilhabe

Der Nahverkehr und öffentliche Gebäude sind in Deutschland zu 100% barrierefrei; Neubauwohnungen immerhin bereits zu 83%.

Handel

Vernetzungstreffen von 20.000 Initiativen aus der ganzen Welt in Porto Alegre, die die Prinzipien der solidarischen Landwirtschaft auf andere Bereiche und überregionalen Handel übertragen haben.

Energie & Klima

Die Hälfte der deutschen Kommunen haben ihre Energie- und Wasserversorgung rekommunalisiert.

Bildung

Feierlich werden neue Bildungspläne verabschiedet. »Schulen«, Leistungsdruck und der Numerus Clausus gehören ein für alle mal der Vergangenheit an.

2031

Wohnen

1.000 europäische Städte vergeben neuen Raum ausschließlich nach Konzepten, nicht mehr nach dem Preis.

Energie & Klima

Der Internationale Strafgerichtshof beginnt Ökozide und andere Umweltverbrechen anzuklagen.

Mobilität

Urlaubssegelschiffe haben Kreuzfahrtschiffe in Europa als beliebteste Reiseform abgelöst.

2032

Ernährung & Landwirtschaft

*Die europäische industrielle Massenfischerei wird auf Kleinfischerei in europäischen Gewässern umgestellt. Afrikanische Fischer*innen bekommen Unterstützung, um ihre lokale Fischerei wieder aufzubauen. Ein internationales Moratorium zur Überfischung wird verabschiedet.*

Mobilität

Neukirchen in Nordhessen eröffnet den 1.000 Dorfladen in Hessen. Die Dorfladeninitiative Hessen hat damit ihr Ausbauziel erreicht.

Wirtschaft

Die globalen Abrüstungsverhandlungen münden im Verbot der Herstellung automatischer Waffen.

2033

Energie & Klima

Zwei Drittel der Industrieländer berichten, dass sie ihr Ziel einer Senkung der Treibhausgasemissionen um 95% erreicht haben.

Bewegungsfreiheit

Eine EU-Gesetzesnovelle legalisiert alle Menschen, die sich auf deutschem Territorium aufhalten. Alle Lager werden abgeschafft, umfassende und gleichberechtigte Teilhabemöglichkeiten für alle – auch ohne Papiere – werden eingeführt.

2034

Mobilität

*80% der europäischen Arbeitnehmer*innen kommen mit dem Fahrrad zur Arbeit.*

Ernährung & Landwirtschaft

Der Zukunftsrat empfiehlt, beim Auf- und Umbau von Kanalisation weltweit auf Trennung von Fäkalien und Urin zu setzen und menschliche Fäkalien auch für Kompost zu nutzen. Bewegungen für Gesundheit übernehmen das Motto der Klimagerechtigkeitsbewegung »We shut shit down«.

2035

Wohnen

Eine neue EU-Richtlinie überführt nach einem Referendum allen Grund und Boden in kommunales Eigentum. Beides kann nicht mehr privatisiert werden.

Demokratie

Nach zweijähriger Verhandlung verabschiedet der Verfassungskonvent eine neue Verfassung. Wichtigstes Ziel: Alle Menschen können an den Entscheidungen mitwirken, die ihr Leben betreffen.

Abbau von Diskriminierung und Herrschaft

Ab den 2020er Jahren wurden alle Formen von Diskriminierung und Herrschaft immer mehr in Frage gestellt, aktiv bekämpft und abgebaut. So schwierig dieser Prozess war, so einfach war das Ziel: Niemand sollte benachteiligt oder privilegiert werden. Rassismen, Sexismus, Homo- und Transfeindlichkeit, Klassismus, der Benachteiligung von Menschen mit körperlichen und geistigen Beeinträchtigungen, von alten Menschen und Kindern sowie anderen Formen der Diskriminierung wurde gesellschaftlich entgegengewirkt.

Dabei ging es um eine Umverteilung von Macht – ökonomisch, sozial, ideologisch, persönlich, rechtlich und politisch: Noch in den 2020ern wurden zahlreiche Gesetze verändert und angepasst; so traten neben das Gender Mainstreaming weitere Formen, alle neuen Gesetze auf ihre Auswirkungen auf alle Bevölkerungsgruppen zu überprüfen. Quotierungen veränderten den Arbeitsmarkt grundlegend. Ausgrenzung, sexuelle Belästigung und andere alltägliche Diskriminierungen wurden von immer mehr Menschen früh erkannt und ihnen wurde im Alltag entschieden entgegengetreten – sowohl im öffentlichen als auch im privaten Raum. Rassistische Statuen und Straßennamen wurden kritisiert und ausgetauscht, nicht-binäre Geschlechterrollen in allen Dokumenten mitgedacht, und behindertenfeindliche Schimpfwörter und Begriffe verschwanden – so änderten sich Normen und Werte.

Impulse für diese grundlegenden Veränderungen in allen Teilen der Gesellschaft kamen aus ganz verschiedenen Richtungen, die sich solidarisch aufeinander bezogen: So thematisierte die "Black Lives Matter"-Bewegung rassistische Polizeigewalt und Gesetze, antirassistische Bündnisse den Alltagsrassismus, selbstorganisierte Geflüchtete und postmigrantische Gruppen den Umgang mit Geflüchteten, queerfeministische Bewegungen die Diskriminierung aufgrund von sexueller Orientierung und geschlechtlicher Identität, antifaschistische Bündnisse rechte Positionen und Gruppierungen, die Care-Bewegung die Ausbeutung von migrantischen Pflegekräften und Gewerkschaften die Diskriminierung aufgrund von Klassenzugehörigkeit. ⟶

→ Auf persönlicher Ebene führte dies dazu, dass privilegierte Menschen ihre Bevorteilung erkannten, reflektierten und sich für den Abbau von Diskriminierung einsetzten – und dabei viel Macht teilten. Dabei halfen nicht nur Selbstreflexionsgruppen (z.B. zu kritischer Männlichkeit oder kritischem Weißsein), sondern auch, dass Diskriminierung in allen Organisationen und am Arbeitsplatz kritisch diskutiert und gemeinsam bearbeitet wurde.

Die persönlichen Veränderungen hatten Einfluss auf den gesellschaftlichen Diskurs – sexistische Werbung, ausschließlich mit *Weißen* besetzte Diskussionsrunden oder öffentliche Gebäude ohne Fahrstühle – all dies erschien zunehmend aus der Zeit gefallen. Stattdessen wurden Unisex-Toiletten und Antidiskriminierungs-Trainings zur Normalität und Bewegungsfreiheit ein Menschenrecht.

Nicht alle Menschen unterstützten diesen vielschichtigen Abbau von Diskriminierung und Herrschaft in der Gesellschaft – einige hielten an ihren Privilegien fest und verteidigten diese im Alltag und über ausgrenzende Politik. Aber diese Positionen wurden an den Rand gedrängt und rechte Parteien isoliert: Durch entschiedenes Eingreifen, solidarisches Verhalten und das Zusammenstehen von denen, die in einer Welt leben wollten, in der allen Menschen volle Teilhabe zusteht.

Mit der Zeit wurden die über Jahrhunderte konstruierten Unterschiede zwischen Menschen bedeutungsloser und damit auch Rassismus, Sexismus, Klassismus und anderen Herrschaftsformen. Wo eine Person oder die Vorfahren einer Person herkamen, wie jemand aussah, welchen Beruf Eltern und Großeltern ausübten, wie eine Person glaubte oder wie stark sie (den früheren) gesellschaftlichen Körper- und Leistungsnormen entsprach – all dies beeinflusste immer weniger die Lebens- und Entfaltungschancen von Menschen und das Maß an gesellschaftlicher Teilhabe. Welches Geschlecht eine Person hatte, spielte kaum noch eine Rolle im gesellschaftlichen Leben, Geschlechtergrenzen verwischten. Wen sie wie liebten, konnten alle Menschen selbstbestimmt ausleben, ohne dafür beurteilt zu werden.

Vieles davon wurde auch möglich durch gesellschaftliche Veränderungen in Wirtschaft oder Demokratie – die Verkürzung der Arbeitszeit veränderte die Arbeitsaufteilung zwischen allen Geschlechtern, soziale Garantien minderten Abstiegsängste und mehr Mitbestimmung wirkte Ausgrenzung entgegen.

2036

Arbeit

Die Weltbank beendet ihren Umstrukturierungsprozess. Mehr als 50% ihrer Stellen werden von Frauen besetzt, 80% von BIPoC (Black, Indigenous and People of Color – auf deutsch: Schwarze, Indigene, nicht-weiße Personen).

2037

Finanzen

Die letzte private Rentenversicherung wird aufgelöst, da sie wegen des Grundauskommens hinfällig geworden ist. Die verbleibenden Gelder werden in den 2027 dafür eingerichteten Reparationsfonds »boomers for justice« übertragen, der Infrastruktur im globalen Süden aufbaut, die helfen soll, mit den Folgen der Klimakatastrophe umzugehen.

2038

Handel

Zwischen Bad Salzuflen und Teyateyaneng (Lesotho) entsteht die 250. Süd-Nord-Partnerkommune. Ziel der Kommunen ist der Austausch über sozial-ökologische Lebensweisen und -praktiken.

Mobilität

Der Duisburger Bahnhof wird zum schönsten Deutschlands gewählt. Er besticht unter anderem durch einen Wartebereich mit Musikzimmer, solarbetriebener Sauna und Bällebad aus nachwachsenden Rohstoffen.

2039

Arbeit

Europaweit sind bereits 50% der Betriebe mit 76% der Beschäftigten als Genossenschaften organisiert. Tendenz steigend.

2040

Wohnen

In Bad Godesberg wird das letzte Mietshaus vor dem Abriss gerettet und als »Museum für ungerechtes Wohnen« umgestaltet.

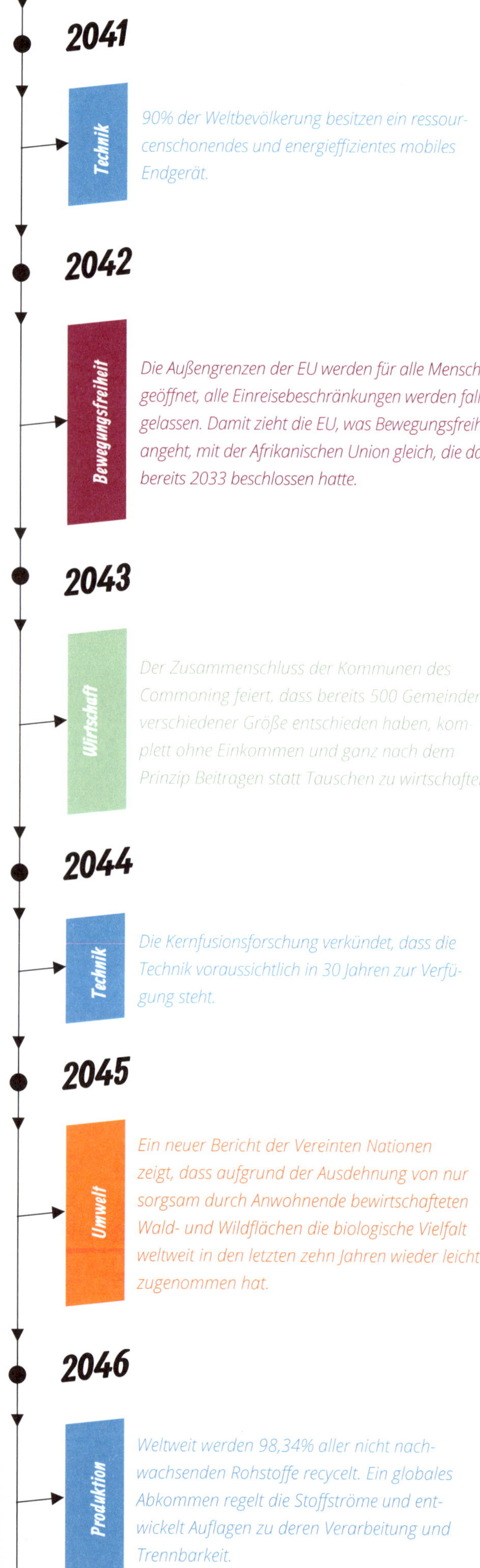

Selbstbestimmung & Demokratisierung

Schließlich wurde die Gesellschaft seit den 2020er Jahren zunehmend demokratischer – Selbstbestimmung auf allen Ebenen und in allen Gesellschaftsbereichen wurde zur treibenden Kraft aller bereits skizzierten Entwicklungstrends.

Demokratisierung bedeutete, dass Macht umverteilt wurde: von zentralisierten Regierungen und Parlamenten auf Regionen, Kommunen, Städte, Gemeinden und Nachbarschaften, von Großaktionär*innen und Vorständen auf Betriebsräte, Genossenschaften und Kollektive, von wenigen auf alle.

Ausgangspunkt hierfür war die Empörung darüber, dass selbst Forderungen, für die es starke demokratische Mehrheiten gab, nicht umgesetzt wurden. Exemplarisch für diesen Prozess standen Fridays for Future und das #unteilbar-Bündnis für Solidarität statt Ausgrenzung. Deren Forderungen wurden Anfang der 2020er Jahre nicht in staatliche Politik umgesetzt, obwohl sie von immer mehr Menschen getragen wurden. Im Zusammenschluss mit anderen Bewegungen gründeten Menschen daraufhin Initiativen, Klima- und Zukunftsräte, solidarische Städte sowie, Parteien und starteten vielfältige andere demokratische Experimente. Ziel war es, die eigenen Forderungen umzusetzen und sich dafür entsprechende Mittel zu organisieren und anzueignen, um so die notwendige Veränderung hin zu Klimagerechtigkeit und Solidarität vor Ort selbst in die Hand zu nehmen.

Die solidarischen Netzwerke der Selbsthilfe und Solidarität, die überall aus dem Boden schossen, waren vielerorts Ausgangspunkt nachbarschaftlicher Strukturen, die Menschen täglich mit Essen versorgten und Raum boten für emotionalen Austausch in einer Zeit, in der viele isoliert leben mussten. Diese Vorform der heutigen Lebensmittelpunkte waren Kern der Demokratisierung. ▸11 Wohnen So entstanden in den 2020er Jahren – angefangen mit Barcelona – immer mehr rebellische Städte. Auch in Deutschland, wo dies von Bremen, Berlin und Hanau sowie der Initiative „(Ruhr)Pott für alle“ ausging. Die Regierungen dieser Städte und Städteverbünde begannen nach und nach damit, ihre Macht an lokale Gremien abzugeben. ⟶

2047

Arbeit

Mit dem Computerchiphersteller in Oberfranken hat jetzt auch der letzte Betrieb mit über 100 Mitarbeitenden entschieden, sowohl die angenehmen und ermächtigenden Tätigkeiten als auch unbeliebte Arbeiten unter allen gerecht zu verteilen und dabei zu rotieren.

2048

Demokratie

Der Abbau von Ungleichheit und Diskriminierung hat dazu geführt, das seit 10 Jahren kein Krieg mehr auf der Welt geführt wird. Dies wird auf der ganzen Welt im August, dem »mês de alegria« (Monat der Freude) gefeiert.

⟶ Neben diesen urbanen Experimenten gab es auch auf dem Land starke Prozesse der Demokratisierung. Regionen wie das freie Wendland, die sozial-ökologische Modellregion Lausitz und das klimagerechte Leipziger Land orientierten sich an den Strukturen Chiapas und Rojavas und wurden zu Vorbildern für rätedemokratische Strukturen.

Die größere soziale Gleichheit und Möglichkeiten der Mitbestimmung machten diese Experimente und Orte gelebter Demokratie zunehmend beliebter. So sahen sich nationale und Landesregierungen sowie Stadt- und Gemeinderäte gezwungen, mehr und mehr dieser Experimente offiziell anzuerkennen.

Was kleine und mittlere Unternehmen anging, so konnten sie sich dem Willen zur Mitbestimmung nicht lange entziehen und wurden von den Mitarbeiter*innen in Genossenschaften oder Kollektive umgewandelt. Börsennotierte Großunternehmen blieben für lange Zeit letzter Hort hierarchischer Strukturen, bis auch sie durch demokratische Entscheidungen in demokratische Unternehmensformen überführt und in kleinere Betriebseinheiten zerlegt wurden.

Alle diese grundlegenden Veränderungstrends waren miteinander verschränkt und verstärkten sich gegenseitig. Die ***Zukunft für alle*** *entstand durch gemeinsame Wirken verschiedener Menschen. Welche Ereignisse es auf dem Weg gegeben haben könnte, haben wir auf den letzten Seiten im Zeitstrahl skizziert. Wir hoffen, diese Erzählung und die Ereignisse einer möglichen Zukunft machen zusammen den Pfad der Transformation vorstellbar.*

Wie ist diese Vision entstanden?

Diese Vision ist in den Jahren 2019 und 2020 durch eine produktive Zusammenarbeit des **Konzeptwerk Neue Ökonomie** mit vielen Partner*innen entstanden.

Ausgangspunkt für das Projekt war die Suche nach Antworten auf die Fragen: **Wie wollen wir leben? Und wie kommen wir dahin?**

Diese Fragen konnten und wollten wir nicht alleine beantworten. So sind wir gemeinsam mit Menschen aus Zivilgesellschaft, sozialen Bewegungen und Wissenschaft, die zu unterschiedlichen Themen arbeiten und konkrete Ideen entwickelt, in verschiedenen Zukunftswerkstätten zusammengekommen

Die Methode: Zukunftswerkstätten

Die Kernideen der Vision **Zukunft für alle** sind in zwölf Zukunftswerkstätten für verschiedene Gesellschaftsbereiche entstanden, die im Lauf des Jahres 2019 stattfanden. Dazu kamen jeweils zwölf bis zwanzig Vordenker*innen zwei Tage lang zusammen, um gemeinsam nachzudenken, Visionen zu entwickeln und intensiv zu diskutieren. Um sicherzustellen, dass wir für jede Zukunftswerkstatt inhaltlich gut aufgestellt sind, teilten wir die Themen unter uns vier Autor*innen auf und bereiteten jeden Bereich mit ein bis zwei externen Partner*innen vor. ▸Danksagung
Mit diesen legten wir die Grundfragestellungen des jeweiligen Themas fest und überlegten, wen wir einladen. Sie haben uns im Laufe der Vor- und Nachbereitungszeit inhaltlich beraten.

Die Workshops selbst entwickelten wir aufbauend auf dem Konzept der „Zukunftswerkstätten" von Robert Jungk und führten sie immer in der gleichen Form durch. Kern der Zukunftswerkstätten sind drei aufeinander aufbauende Phasen zu Kritik, Utopie und Strategie. Die erste Phase verkürzten wir, in dem wir Kritik am Bestehenden im jeweiligen Gesellschaftsbereich schon in einem Fragebogen vorab einsammelten und diese dann vorstellten, ergänzten und diskutierten. In der Utopie- und Strategiephase arbeiteten wir jeweils 1,5 Stunden in Kleingruppen zu unterschiedlichen Bereichen der Zukunftswerkstatt. Wir sammelten Ideen auf Karten, diskutierten und sortieren sie gemeinsam. Anschließend wurden diese den anderen Teilnehmer*innen in Galerierundgängen vorgestellt, diskutiert und von diesen mit Punkten priorisiert. Kritik- und Utopiephase fanden am ersten Tag statt, die Strategiephase am zweiten Tag. So lag ein gemeinsames Abendessen und eine Nacht Abstand zwischen den Überlegungen.

Die Hauptergebnisse der Zukunftswerkstätten waren gemeinsam gewichtete Kartensammlungen und die darauf basierenden intensiven Diskussionen. Diese wurden fotografiert, abgetippt und als Textprotokoll mit allen Teilnehmenden geteilt.

Aufbauend auf diesen Ergebnissen hat das vierköpfige Autor*innen-Team mehrere Monate diskutiert, strukturiert und geschrieben. Dabei haben wir uns mit den Partner*innen der Zukunftswerkstätten rückgesprochen, von Expert*innen zu unterschiedlichen Themen beraten lassen und die Inhalte mit Freund*innen und Kolleg*innen reflektiert. Die Texte wurden außerdem von drei professionellen Lektorinnen überarbeitet.

Wer war beteiligt?

Auch wenn die Vision **Zukunft für alle** von Menschen entwickelt worden ist, die aktuell im deutschsprachigen Raum leben, liegt ihr eine globale Gerechtigkeitsperspektive zugrunde. Dies spielte in allen Zukunftswerkstätten eine Rolle. Bei einigen stand diese Perspektive explizit im Vordergrund, besonders bei den Themen globaler Handel und Süd-Nord-Beziehungen, Finanzsysteme, Energie/Klima und Bewegungsfreiheit.

Unser Ziel war es, dass die Zukunftswerkstätten gesellschaftlich breit aufgestellt sind und die geladenen Vordenker*innen aus unterschiedlichen Zusammenhängen kommen.

Es ist uns gelungen, eine Vielfalt an Akteur*innen bezogen auf ihre inhaltliche Position innerhalb eines progressiven Spektrums zusammenzubringen. Das wurde auch von den Teilnehmenden selbst so benannt und als Fortschritt im Vergleich zu vielen anderen Workshops anerkannt.

Allerdings ist uns diese Vielfalt in Bezug auf Privilegien und gesellschaftliche Positionierungen nicht ausreichend gelungen – auch wenn wir uns darum bemüht haben. In allen Zukunftswerkstätten haben zwar Teilnehmende mit verschiedenen gesellschaftlichen Positionierungen mitgewirkt. Dennoch waren diskriminierte Personen (jenseits von cis-Frauen) bis auf die Zukunftswerkstatt zu Bewegungsfreiheit immer in der Minderheit. Insgesamt waren die Teilnehmenden ungefähr zur Hälfte weiblich und männlich gelesen. Inter- und Transgender sowie queere Personen, Menschen, die im Alltag be_hindert werden, die nicht studiert haben, und/oder rassistisch diskriminiert werden, waren nicht stark genug eingebunden. Die Gründe hierfür sind vielfältig und berühren nicht nur die Arbeit des Konzeptwerks, sondern gesellschaftliche Machtverhältnisse insgesamt. Auf das konkrete Projekt bezogen hatten wir nicht genügend Zeit und Ressourcen, vielfältige Positionierungen in den Vordergrund zu stellen. Wir haben verstanden, dass wir das Konzeptwerk selbst und unsere Netzwerke mittel- und langfristig diversifizieren müssen. Dies wird uns nicht in kurzfristigen Projekten gelingen, ist aber ein essentieller Teil der Veränderung.

Wie ist das Autor*innen-Team positioniert?

Auch wir vier Autor*innen sind uns unserer eigenen gesellschaftlichen Positionierung bewusst. Wir sind weiß, zur Hälfte männlich und weiblich, cis-geschlechtlich, in heterosexuellen Partnerschaften lebend, werden nicht be_hindert und haben alle studiert. Wir sind in Ost- und Süddeutschland aufgewachsen und leben jetzt in Leipzig, Halle und Berlin. Es gibt Unterschiede zwischen den ökonomischen Situationen unserer Herkunftsfamilien, aber sie sind alle Teil der Mittelschicht. Wir sind damit ähnlich positioniert und privilegiert, wodurch unser Team nicht die gesellschaftliche Vielfalt und Machtverteilung abbildet und unsere Perspektiven Gefahr laufen, Herrschaftsverhältnisse zu reproduzieren. Denn unsere Positionierungen bestimmen auch unsere Sichtweise, und daher ist diese zwangsläufig beschränkt. Wir beschäftigen uns seit langem persönlich und im Konzeptwerk mit Privilegien und Diskriminierung. Uns ist es ein echtes Anliegen, die gesellschaftlichen Machtverhältnisse sowohl im Kleinen als auch im Großen zu verändern und wir hoffen, wir sind dazu auf einem guten Weg.

Für das Projekt **Zukunft für alle** haben wir versucht, über die gemeinsame Entwicklung der Inhalte in den Zukunftswerkstätten verschiedene Positionen einzubeziehen. Das hatte, wie oben beschrieben, zwar seine Grenzen, aber dennoch waren um die 200 Menschen in den Entwicklungsprozess eingebunden. Wir denken, dass sich dies in den Texten zeigt und sind über Rückmeldungen – auch kritische – dankbar.

Mehr zu unseren Überlegungen dazu unter ‣ **konzeptwerk-neue-oekonomie.org/ueber-uns**

Dankeschön !

Wir danken allen Menschen, die an der Erstellung dieser Vision mitgewirkt haben, ganz besonders:

Andrea Vetter für Projektbegleitung, Beratung und Lektorat. ***Mona Hofmann*** für die Mitorganisation der Zukunftswerkstätten. ***Josefa Kny*** und ***Eva Mahnke*** für das Lektorat. ***Diana Neumerkel*** für Satz und Layout. ***Manuel Schroeder*** für die Illustrationen.

Unseren Kontaktpersonen bei den Förderorganisationen, die das Projekt finanziell unterstützt haben.
→ Bei der ***Friedrich-Ebert-Stiftung***:
Manuela Matthess, Christiane Heun, Sarah Ganter, Frederike Boll und Katharina Lepper.
→ Bei der ***Rosa-Luxemburg-Stiftung***:
Steffen Kühne und Adriana Yee Mayberg.
→ Bei der ***Heinrich-Böll-Stiftung***:
Linda Schneider, Lili Fuhr und Christine Chemnitz.

Allen, die bei der Konzeption und Organisation der Zukunftswerkstätten und dem Verfassen der Texte mitgewirkt haben:
Alessa Hartmann, Alexis Passadakis, Anja Wiesental, Bettina Müller, Charlotte Hitzfelder, Jana Gebauer, Janna Aljets, Jona Blum, Julianna Fehlinger, Lina Hurlin, Marc Amann, Margret Rasfeld, Max Frauenlob, Miriam Gutekunst, Nicolas Guenot, Otto Herz, Riadh Ben Ammar, Ronald Blaschke, Ronja Morgenthaler, Sven Drebes, Tilman Santarius, Werner Rätz.

Allen über ***200 Expert*innen*** und ***Vordenker*innen*** aus sozialen Bewegungen, Wissenschaft, Nichtregierungsorganisationen, die in den Zukunftswerkstätten die Ideen für diese Vision maßgeblich entwickelt haben (siehe nächste Seite).

Für inhaltlichen Austausch und Beratung:
Alex Demirovic, Fabian Scheidler, Friederike Habermann, Simon Sutterlütti.

Dem ***Netzwerk Ökonomischer Wandel (NOW)*** für gemeinsame Reflektion.

Allen ***Kolleg*innen im Konzeptwerk*** für das gemeinsame langjährige Arbeiten an den Ideen hinter dieser Vision.

... und allen, die hier nicht namentlich genannt sind, aber in den vergangenen Monaten und Jahren mitgedacht haben!

Gemeinsam können wir die Vision Wirklichkeit werden lassen!

Wir danken den folgenden Organisationen,
die entweder die zugrunde liegenden Workshops oder
die Veröffentlichung selbst finanziell unterstützt haben:

Schöpflin Stiftung:

»Zukunft für alle. Eine Vision für 2048«
konnte nur durch die Unterstützung und Zusammenarbeit
von sehr vielen Personen und Organisationen entstehen.
Unter anderen waren beteiligt:

Andreas Sallam

Anil Shah

Anne Bundschuh

Anne Löscher

Wissenschaftliche Arbeitsgruppe Nachhaltiges Geld

Ann Wiesental

Bürgerbewegung

Dr. Christian Siefkes

Erik Albers
(Free Software Foundation Europe)

Dr. Eva Wonneberger
(Via Institut)

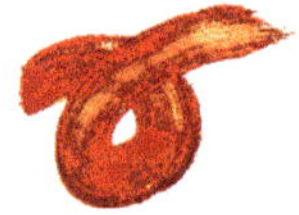

Jan-Hendrik Cropp

Johannes Ostermeier

Kashef

Larisa Tsvetkova

Lotta De Carlo

Lucía Muriel

Ludwig Schuster

Maja Volland

Maren Kirchhoff

Margret Rasfeld

Maria Hummel

Mark Wege